商务印书馆语言学出版基金
《中国语言学文库》第三辑

汉语定语小句与中心语名词的选择限制研究

寇 鑫 著

商务印书馆
The Commercial Press

图书在版编目（CIP）数据

汉语定语小句与中心语名词的选择限制研究 / 寇鑫著. —北京：商务印书馆，2024
（中国语言学文库 . 第三辑）
ISBN 978-7-100-23247-0

Ⅰ. ①汉…　Ⅱ. ①寇…　Ⅲ. ①汉语—定语—短句—研究②汉语—中心词—研究　Ⅳ. ① H14

中国国家版本馆 CIP 数据核字（2023）第 233594 号

权利保留，侵权必究。

汉语定语小句与中心语名词的选择限制研究
寇　鑫　著

商 务 印 书 馆 出 版
（北京王府井大街 36 号　邮政编码 100710）
商 务 印 书 馆 发 行
北京虎彩文化传播有限公司印刷
ISBN 978-7-100-23247-0

2024 年 1 月第 1 版　　开本 880×1230　1/32
2024 年 1 月北京第 1 次印刷　印张 8
定价：68.00 元

序

关系结构的语序形式、意义类别、选择限制和表达方式,一直是语言类型学的核心内容;可以说,关系结构始终是一类颇受语言学者偏爱的语法结构。从 1977 年 Keenan 和 Comrie 的类型学研究,到如今方兴未艾的神经语言学研究,关系结构都作为一种重要的测试材料,用以揭示人类处理句法形式的内在共性和认知机制。寇鑫博士的博士论文选题,从朱德熙先生提出的"自指""转指"两类"的"字结构出发,一方面立足汉语经典语言事实,另一方面与国内外前沿研究展开深度对话,讨论汉语定语小句的句法类型、形成条件和结构成分内在关系,其研究范式和研究思路为相关研究提供了很好的借鉴。

《汉语定语小句与中心语名词的选择限制研究》一书,是在寇鑫的博士论文的基础上修改发展而来的。该书关注汉语定语小句结构,以中心语名词作为分析和解释的基点,着重探求中心语名词对定语小句句法、语义上的选择限制作用,以及两者间的互动关系。藉此从新的视角对多类复杂定语小句现象进行解释,揭示出名词的语义特征及其与定语小句间的语义互动关系对定语小句结构的合法性、形成原因和解读倾向的深刻影响,展示了特定的名词语义特征和概念结构在汉语研究中的重要价值。

要讨论汉语定语小句的限制条件与基本功能,需首先厘清其结构类型。朱德熙先生提出的自指、转指两类"的"字结构,正是关于这一问题的重要成果。类型学的相关研究也发现,小句结构的定语可以区分为关系结构和名词补足语结构两种类型,恰好与自指、转指相对应。那么，汉语是否存在着类型学两类定语小句的对立呢？这个问题正是寇鑫进行思考和研究的起点。更可贵的是，在分类过程中，她通过小句内是否有空位以及空位的类型，系统全面地挖掘出了汉语中丰富的定语小句实例；其中，附加语空位旁格关系句、领属关系句，以及无空位定语小句都是前人研究很少关注的结构类型。以定语小句分类为纲，该书后续章节又对这几类结构的形成条件和基本特点进行了详尽分析，在材料上为汉语定语结构研究提供了有益补充。与此同时，这几类定语小句的独特性还表现为它们具有非常重要的理论价值。作为关系结构，附加语空位旁格关系句和领属关系句违反了名词可及性等级的关系化规律；而无空位定语小句（名词补足语小句/自指结构）中，定语小句与中心语名词间没有明确的句法、语义关系，这类结构的限制条件和形成原因仍待揭示。正是从这些问题出发，该书先对关系小句中的附加语旁格关系句和领属关系句进行分析，发现两者的形成原因都与中心语名词的特定语义特征有关。前者的形成受名词功用义的影响，后者则以依附义作为中心语名词的允准条件。接着，该书对名词补足语小句的选择限制条件进行了研究，指出内容义名词补足语小句由内容义名词触发，事件义名词补足语小句由事件属性名词触发。事件义名词补足语小句的形成条件与语义解读，受事件属性名词的内在语义结构限制。这种限制在句法上表现为不同类型的隐含谓词。这些研究都一致地显示出：汉语特有的定语小句类型总是和中心语名词的语义条件密切相关的。因此，该书最后还以内容义名词补足语小句为个例，讨论了名词中心语对定语小句的语义影响。

值得称道的是，该书例句丰富翔实，对语言事实的观察具有创见，描写非常细致，显示出寇鑫扎实的语言学研究基本功。而且，该书对材料的挖掘细致入微，在对材料的分析中能够把握住句法语义限制这个核心议题，目的明确，逻辑严谨，重点突出，各章的论证都很有说服力。该书的章节结构安排层次清晰，不断将研究推进深入，引人入胜。我认为，这项研究对既往句法理论的更新和发展也将有一定的推动作用。定语小句的相关讨论颇为丰富，而该书依然能够从小句和中心语互动的视角提出新见；同时，书中也进一步发展了谓词隐含理论，补充了新的论据，回答了此前学者提出的一些质疑，用物性角色理论对名词语义结构做出了更加精细的描写。此外，该书还开创性地提出了名词的叙实性概念，并给出了明确的判断条件，归纳出六种叙实性不同的名词的语义特征。这些新颖的观点都颇具理论价值，同时也为她后续关于名词语义的研究形成了坚实的铺垫。

  我很高兴看到寇鑫的书稿即将面世，也期待她今后能够继续深耕名词语义表征和句法实现的研究领域，走出属于自己的研究道路。

袁毓林

2023 年 11 月 1 日

于岭南横琴

目 录

序 ··· I

绪论 ··· 1
  0.1 选题缘起 ··· 1
  0.2 理论背景和问题提出 ··· 3
  0.3 研究方法、思路和意义 ·· 7
  0.4 研究内容 ·· 10
  0.5 语料来源 ·· 13

第一章 现代汉语定语小句研究概述 ····································· 15
  1.1 定语小句的界定 ·· 15
  1.2 定语小句的句法类型 ·· 21
  1.3 定语小句的句法特征 ·· 26
  1.4 定语小句的语义特点 ·· 31
  1.5 定语小句的语篇功能 ·· 39
  1.6 小结 ·· 43

第二章 汉语定语小句的类型及其句法表现 ·························· 44
  2.1 引言 ·· 44
  2.2 定语小句的类型 ·· 46

2 汉语定语小句与中心语名词的选择限制研究

  2.3 五类定中结构在句法表现上的差别 ·················· 54
  2.4 名词的论元与名词补足语小句 ······················ 66
  2.5 小结 ·· 69

第三章 功用义与旁格关系结构的形成原因和解读倾向·········· 70
  3.1 引言 ·· 70
  3.2 工具、材料成分关系化的类型及限制条件 ········ 74
  3.3 处所成分关系化的类型及限制条件 ················ 82
  3.4 伴随成分关系化的限制条件 ···························· 88
  3.5 附加语空位旁格关系句的形成原因 ················ 92
  3.6 功用义的凸显对关系小句的系统性影响 ········ 99
  3.7 小结 ·· 106

第四章 依附义与领属关系小句的限制条件························ 108
  4.1 引言 ·· 108
  4.2 N$_属$+Adj+ 的 +N$_领$：句法、语义条件限制 ·········111
  4.3 影响领属关系小句合格性的语义条件 ·············117
  4.4 依附义 N$_属$对领属结构的系统性影响 ············ 123
  4.5 两类领属关系小句结构——关系小句的语义功能和
     语用功能 ·· 129
  4.6 小结 ·· 137

第五章 事件属性名词与名词补足语小句的形成方式············ 139
  5.1 引言 ·· 139
  5.2 事件义名词补足语小句和事件属性名词 ········ 141

5.3　事件属性名词与隐含谓词的互动关系 …………………… 148
　　5.4　名词物性角色控制下的隐含谓词 …………………………… 157
　　5.5　事件属性名词的语义与名词补足语小句结构的实质 …… 164
　　5.6　小结 …………………………………………………………… 169

第六章　内容义名词对名词补足语小句的语义限制 …………… 171
　　6.1　引言 …………………………………………………………… 171
　　6.2　名词是否具有叙实性？ ……………………………………… 173
　　6.3　名词补足语小句和名词的叙实性现象 ……………………… 176
　　6.4　名词的物性角色和叙实性的检验与分类 …………………… 181
　　6.5　名词叙实性的语义基础和句法表现 ………………………… 199
　　6.6　小结 …………………………………………………………… 213

第七章　结语 ………………………………………………………… 216
　　7.1　本书的主要创新点 …………………………………………… 217
　　7.2　研究不足与展望 ……………………………………………… 218

参考文献 ……………………………………………………………… 221

后记 …………………………………………………………………… 237
专家评审意见 ………………………………………………… 张旺熹 240
专家评审意见 ………………………………………………… 石定栩 242

表 目 录

表 2-1 五类定语小句的句法功能对比表……………………… 64
表 3-1 工具名词及其附加语空位关系句中谓词的出现次数……… 80
表 3-2 材料名词及其附加语空位关系句中谓词的出现次数……… 81
表 3-3 处所名词及其附加语空位关系句中谓词的出现次数……… 86
表 4-1 影响名词显著性的特征 ………………………………118
表 4-2 两类领属关系小句的语篇功能实现情况 ………………132
表 5-1 宋作艳（2014）对自指结构中"VP、N"句法语义关系的描写 ………………………………………………………146
表 5-2 Matsumoto（1997）对日语 CNH 关系小句中心语名词的语义分类 …………………………………………………146
表 5-3 物性角色控制下的事件属性名词与隐含谓词的关系……163
表 6-1 叙实、反叙实、非叙实名词在叙实性测试中推演 XP 真值的情况 ……………………………………………199
表 6-2 六种叙实性不同的名词的语义特征 ……………………201
表 6-3 "XP+的+叙实名词"与其物性角色的共现频率………202
表 6-4 "XP+的+反叙实名词"与其物性角色的共现频率………209

绪　　论

  定语小句（adnominal clause/attributive clause）是指以小句形式出现，对名词进行修饰、限定或补充说明的句法成分。普通语言学和汉语学界对定语小句的研究深入而广泛，但针对这一现象的讨论绝大部分采取了"动词中心"的观察视角，着力研究定语小句中的谓词对名词中心语的控制作用。而对于名词中心语与定语小句的句法、语义选择限制关系则关注不足。本书以名词作为定语小句结构研究的出发点，重点探求中心语名词对定语小句句法、语义上的选择限制和语义影响，以及二者间的互动关系。并借此从名词视角对多类复杂定语小句结构进行解释，揭示出名词的语义特征及其与定语小句间的语义互动对定语小句结构的合法性、形成原因和解读倾向的深刻影响，进而分析特定的名词语义特征在汉语研究中的价值。

0.1　选题缘起

  朱德熙（1961）提出了北京话中"的"的三分现象，并将出现在名词短语、形容词短语和动词短语后的后附成分"的$_3$"定义为名词化标记。之后，朱德熙（1983）提出"的$_3$"还具有语义上的"自指"和"转指"功能。在"VP 的"结构里，当 VP 中存在名词句法位置的缺位时，"的"字结构是转指的；当 VP 中不存在缺位时，"的"字结构是自指的。例如：

2 汉语定语小句与中心语名词的选择限制研究

（1）a. 扩大招生名额的（学校）
　　　b. 他给我写的（信）
（2）a. 扩大招生名额的问题
　　　b. 他给我写信的事儿

例（1）a、b VP 结构分别存在主语缺位和宾语缺位，属于转指结构；而例（2）a、b 的 VP 结构则不存在句法成分缺位，属于自指结构。此外，转指"的"字结构中中心语可以省略，但自指"的"字结构中中心语则必须出现。此后，针对这对概念的研究主要集中于对自指结构的分析与解释以及自指、转指关系的讨论。古川裕（1989）发现自指结构与表内容义的名词密切相关。袁毓林（1995）则致力于讨论转指和自指结构间的相关性，使用隐含谓词挖掘自指结构中"VP 的"和中心语之间的语义关系，例如：

（3）a. 关门的声音 → 关门发出的声音
　　　b. 迟到的原因 → 造成迟到的原因

并提出自指结构同样具有提取成分的句法功能和转指的语义功能。宋作艳（2014）在此基础上进一步对自指结构中"VP 的"和中心语的语义关系进行了分类。沈家煊（1999）则认为自指和转指结构可以统一于认知转喻，并发现自指结构中并不只存在"内容义"解读，还可以存在"相关义"解读。例如：

（4）a.（达到）出国的目的（内容义解读）→ 目的是出国
　　　b. 学外语的目的（相关义解读）→ 学外语的目的是出国

袁毓林（2003），吴怀成、沈家煊（2017）都从不同角度支持自指、转指统一的观点。另有部分相关文献关注转指"VP 的 N"中中心语名词和"VP"间的句法、语义联系,如黄国营(1982)、周国光(1997)、黄毅燕(2007)等。转指和自指的"VP 的"结构是汉语修饰语的重要类型。转指和自指的关系,自指结构的句法、语义解释以及转指结构内部的语义类型差异是汉语学界一直以来密切关注的话题。随着生成句法和类型学的引入,汉语"VP 的(N)"现象的研究逐渐采用了"关系小句"(relative clause)或"定语小句"的概念和研究框架,更加丰富了对这一现象的认识。本书选题缘起于汉语中自指、转指两类"VP 的(N)"结构,借助于类型学中的关系结构、定语小句结构的研究成果来审视汉语现象,详细考察汉语转指、自指结构的一些特殊表现,进而提出本书的研究问题。

0.2 理论背景和问题提出

定语小句由于其特殊的句法结构和表述功能及其在语言中的普遍性,得到了大量的关注,有不少成果对这一结构进行过深入研究。长久以来,尤其以描写语法和生成句法为代表的研究方法,都是通过建立中心语与定语小句核心谓词的句法对应关系来对小句进行分析与解释(Ning 1993, Huang et al. 2000, Cheng & Sybesma 2005, 陈宗利 2007 等)。例如:

(5) a. 买水果的人
　　 b. 他买的水果

例(5)a 中中心语名词"人"还原回定语小句中,是动词"买"的主语;而(5)b 的中心语"水果"还原回小句中是动词"买"的宾语。定语小句和中心语名词之间可以构建某种句法联系,整个定中结构可以视为小句动词的某个论元被抽取出来,形成中心语被小句修饰的形式。这一过程通常被称为关系化,形成的小句被称为关系小句。从概念定义和具体现象来看,基本等同于汉语的转指"VP的(N)"结构。

而汉语自指现象中,表内容义的例(2)、例(4)a明显不符合提取派生的生成方式。"问题、事儿、目的"与定语小句中的谓词不存在句法联系。这类现象通常被称为同位语小句(appositive clause)或名词补足语小句(noun-complement clause),这类定语小句一般和中心语名词所指内容相同。关系小句与名词补足语小句的对立在定语小句的类型学研究中比较多见(Comrie 1989,Dixon 2010)。但是,表相关义的自指结构(例(3)、例(4)b)的归属却很难判定。中心语名词"声音、原因、目的"与其定语小句中的谓词可以构成论元关系,但这种关系往往并非密切的句法联系,而是外围论元关系。并且这类定语小句必须使用抽象名词作为中心语,具体名词很难得到允准。对比例(6)a、b两例:

(6)a. 因为这个原因,他不能毕业了。→他不能毕业的原因
b. 因为这篇论文,他不能毕业了。→*他不能毕业的论文

此外,类型学研究成果与汉语定语小句现象的龃龉还表现在汉语关系小句对于"名词可及性等级"这一蕴含共性的违背。

Keenan & Comrie(1977、1979)结合类型学的证据,提出了著名的"名词短语可及性等级"(noun phrase accessibility hierarchy)。该等级显示在序列(7)中,名词短语被关系化的可能性逐级递减,关系化所采用的策略趋于复杂。

(7)主语>直接宾语>间接宾语>旁格>属格>比较格

部分研究发现现代汉语基本符合以上等级所展示的规律(郭锐

2009、许余龙 2012、2015a）。如例（5）中的主、宾语关系化使用了更为简洁的空位策略（Comrie 1989：145—153）生成无格标记的定语小句（Keenan & Comrie 1977），而旁格成分则会采用比较复杂的代词复指策略，生成有格标记的定语小句。例如：

（8）a. 老师借给他$_i$书的那个学生$_i$（间接宾语）
　　b. 刚才我和她$_i$说话的那个人$_i$（对象）
　　c. 小王和她$_i$一起跳舞的那个女孩$_i$（伴随）

但是，在现代汉语中还存在一些旁格成分构成的无格标记定语小句结构，这对关系化的派生方式和名词可及性等级规律构成了挑战。例如：

（9）a. 妈妈切菜的刀（工具）
　　b. 工人盖房的砖头（材料）
　　c. 老王养花的屋子（处所）
　　d. 他跳舞的舞伴（伴随）
　　e. 衣着华丽的女人（领属）

中心语同为旁格成分的例（9）a—d 显示了其与例（8）a—c 在形成策略和小句结构方面的差异，现代汉语旁格成分的关系化过程分化为例（8）、例（9）两种类型，其原因暂时并未得到比较好的解释。例（9）e 则显示汉语中主语的属格同样可以实现无格标记的定语小句。

由于关系结构-名词补足语小句结构的研究框架对汉语现象缺乏足够的解释力，不少研究开始认为汉语定语小句结构不存在句法成分移位、提取过程，而是通过"转喻""语用相关"等认知、语用因素来黏合小句与中心语名词（沈家煊 1999，张伯江 2014、2018，王倩倩、张伯江 2020，LaPolla 2008、2017，Matsumoto 2017 等）。并且，关系结构、名词补足语小句结构范畴边界不清的现象也普遍出现于日语、韩语等东亚语言中（Matsumoto 1988、1997，Comrie & Horie 1995，Cha 1998、2005）。因此，Matsumoto（2017）主张不对定语小句内部进行分类，认为修饰名词的小句成分具有句法、语义上的一致性，其实质都是名物化（nomalization）结构，并通过"语用相关"与中心语名词相关联，因此可统称为"修饰名词的普遍性小句结构"（general noun-modifying clause construction，GNMCC）。这一说法虽然规避了传统类型学研究中关系结构－名词补足语小句结构对立带来的诸多问题，但也未能说明影响"语用相关"的具体要素。比如为何同为"事件－原因"关系，例（6）a合格而例（6）b不合格，以及为何汉语中以旁格成分为中心语的定语小句结构会分化为两类不同的句法形式。

现代汉语定语小句结构生成方式的争论聚焦于"派生生成"和"基础生成"两种不同观点，但两种观点均未能很好地解释汉语中转指、自指两类"VP的"的同一性问题，以及自指"VP的"结构的生成机制和违反名词可及性等级的多类定语小句结构的限制条件。因此，在综合前人研究和汉语事实的基础上，本书要回答的问题可归结为以下四点：

A. 汉语定语小句在句法、语义上是否同质？它们能否再分类或是否需要再分类？分类的标准是什么？（第二章）

B. 没有明确关系化过程、不受名词短语可及性等级限制的转指结构（例（9）a—e）有哪些具体的句法、语义表现？其中心语和小句的语义关系是如何建立的？（第三章、第四章）

C. 自指结构是怎样形成的？其限制性条件是否与中心语名词的语义有关？（第五章）

D. 在受名词语义特征制约的定语小句结构中，名词怎样控制或影响了整个名词短语结构？（第六章）

本书以这四个问题为纲,全面分析汉语定语小句与名词语义间的选择限制关系,并讨论名词的语义特征是如何对其定语小句句法、语义表现产生影响的。

0.3 研究方法、思路和意义

本书基于汉语事实,以句法分布和语法功能作为检验结构同一性的核心方法,并辅以句法变换、替换、语言形式分析的证据。在具体结构的限制条件讨论中,我们主要采用最小差比对的方法,通过合格与不合格例句的比较,发现并得出特定结构所要求的句法、语义要素。除了基于对比例句和形式变换的语感合格度外,在判定句法结构的属性时,还会参照其在实际语料中的表现倾向,以为佐证。通过句法变换和成分替换等句法操作,力图找到有语言学价值的语法意义。

本书的讨论缘起于汉语自指、转指两类定语小句结构在类型学表现上的特异性,但在解释、分析中则重点关注名词的语义对定语小句合格性的影响。采用这一思路的原因有以下三个方面:

首先,关于自指结构的研究已经证明,自指结构的形成和语义解释与名词的语义具有重要联系。古川裕(1989)已明确提出了内容义名词是形成自指结构的条件;袁毓林(1995)则重点关注了"相关义"自指结构,通过名词语义和自指结构的语义关系添加隐含谓词来进行解释[①]。

第二,大量类型学研究也显示,名词语义对于定语小句或修饰语的类别区分具有重要影响。Matsumoto(1997)认为,日语的关系小

[①] 袁毓林(1995)并未使用"相关义自指结构"的概念,但文中所讨论的现象与本书定义的相关义自指结构一致。如"开车的技术、辞职的理由、前进的力量"(袁毓林1995:247—248)等。

句可以根据小句的生成机制区分为三类：小句控制类型（clause-host type，CH）、名词控制类型（noun-host type，NH）和共同控制类型（clause and noun host type，CNH）。其中，小句控制类型对应于关系小句，中心语名词是小句谓词的论元；名词控制类型对应于同位语从句；而共同控制类型则反映了中心语名词和定语小句在认知框架中的互动关系，与名词的概念结构密切相关。

另外，在英语、汉语修饰语研究中，尤其以属性（individual-level）修饰语和事件（stage-level）修饰语[①]的研究为代表，前人文献中已经尝试从名词的句法、语义结构出发对部分修饰语的生成机制进行解释。Larson（1998）、Larson & Takahashi（2007）、Del Gobbo（2005）认为属性修饰语修饰 NP 层，事件修饰语修饰 DP 层，借鉴 Chierchia（1995）对属性谓词的描写，认为 NP 内包含一个类属算子（generic quantifier）Γ。Lin（2008）则指出表示名词固有属性的属性修饰语是名词论元结构的一部分，受限于名词内部的语义特征组（feature bundle）。

这些前人的研究都促使我们将名词概念结构和关系小句谓词建立联系，尝试从名词语义出发寻找汉语定语小句结构的产生机制。

第三，关于名词语义表征方法、体系的已有研究为本书采用名词视角讨论定语小句结构提供了可能性。其中最重要的是 Leech（1981）提出的降级述谓结构和以 Pustejovsky（1991）为代表的生成词库理论。根据 Leech（1981），词汇特征层面的降级述谓结构常常可以在表层句法上得到实现，它能够起到形容词性的功能。比如"屠夫"（butcher）

[①] "individual-level/stage-level"这对术语的翻译情况在不同文献中略有差异。刘丹青（2002）译为"属性－事件"；蔡维天（2002）译为"恒常性－瞬时性"；张敏（2019）译为"恒常态－阶段态"；郭洁（2013）译为"个体性－阶段性"。本书采用刘丹青（2002）的译法。感谢商务印书馆语言学基金匿名评审专家的建议。

意思是"一个卖肉的人";而"骑车人"(cyclist)可以表示为"一个骑自行车的人"。可见,降级述谓结构可以通过谓词结构框架来表示名词内部所隐含的关系,有助于分析名词的词汇意义。

生成词库论对名词的研究具有重要推进作用,尤其是对名词语义表征方法的革新,为我们深入剖析名词语义提供了结构性的操作框架。该理论以Pustejovsky(1991、1995)为代表,提出了名词的三大语义类型——自然类(natural types)、人造类(artifactual types)和合成类(complex types),构建了语义分类体系,并在此基础上,提出了详尽的生成规则。词汇语义类型标明了词项在类型系统中的位置,决定了该词项与其他词项的关联方式,并使语言知识和世界知识相联。该理论中物性角色的引入更为名词语义特征提供了精细分析的可能。以亚里士多德的"四因说"为源头,Pustejovsky通过"形式角色、构成角色、施成角色、功用角色"对名词的词汇表征和语义组配进行了结构性的描写,为名词语义的深入分析提供了基础框架。此后,袁毓林(2013、2014a)结合汉语实际情况,尤其是汉语名词与相关句法成分的组配情况将四类名词物性角色扩展为十类。根据它们与名词的句法、语义关系分别定义为:

形式(FOR):名词的分类属性、语义类型和本体层级特征。例如:"物质、液体"等。

构成(CON):名词所指的事物的结构属性,包括:构成状态、组成成分、在更大范围内构成或组成哪些事物、跟其他事物之间的关系等。例如:"颜色、大小"等。

单位(UNI):名词所指事物的计量单位,也即跟名词相应的量词。例如:"个、斤"等。

评价(EVA):人们对名词所指事物的主观评价、感情色彩。

例如:"伟大、明亮"等。

施成（AGE）：名词所指事物是怎么样形成的。例如:"创造、存在"等。

材料（MAT）：创造名词所指的事物所用的材料。例如:"竹子、木头"等。

功用（TEL）：名词所指事物的用途和功能。例如:"吃（食品）、喝（水）"等。

行为（ACT）：名词所指事物的惯常性的动作、行为、活动。例如:"（水）流动、（树）生长"等。

处置（HAN）：人或其他事物对名词所指事物的惯常性动作、行为、影响。例如:"打（水）、拿（东西）"等。

定位（ORI）：人或其他事物跟名词所指的处所、时间等位置、方向关系。例如:"在、到"等。

在刻画名词语义表征方面，本书主要使用袁毓林（2013、2014a）的十种物性角色。

从必要性和可行性上，已有研究需要且允许我们从名词的语义出发，研究名词对定语小句结构合格性的影响，并分析二者间的互动关系。这样的研究思路不仅能够帮助我们揭示汉语中几类特殊定语小句的解释条件和形成原因，还能够帮助我们进一步认识汉语名词，并讨论名词语义特征中的哪些要素属于语法意义，具有语言学价值。

0.4 研究内容

本书的基本假设为：汉语定语小句在句法表现上可以区分为关系小句和名词补足语小句两类；附加语空位旁格关系句、领属关系句和名词补足语小句的形成受名词特定语义特征的影响，也即名词的某些语义特征可以使定语小句结构突破"谓词－论元"的句法制约。为验证和细化这一假设，针对前文提出的四个问题，本书主体章节分为三个部分：

第一部分讨论汉语中的自指、转指现象是否存在句法上的差别，能否归结为关系小句和名词补足语小句的对立（问题A）。

转指和自指概念从句法功能和句法表现上揭示出汉语"VP的"结构存在两类，这两类概念是否能够对应于类型学上的关系小句和名词补足语小句尚需进一步验证。尤其是转指结构中中心语和VP间呈现为旁格句法关系的诸例，它们违反了关系结构的"名词可及性等级"规律，这些特殊的转指结构是否也属于关系小句？因此，第二章首先对汉语定语小句进行分类，从句法结构、句法功能上的验证可以发现转指、自指两类"的"字结构在形式和句法分布上呈现较大差异，基本可以对应于类型学上的关系小句和名词补足语小句，两类定语小句并不具有同一性。

第二部分讨论关系小句中两类违反"名词可及性等级"的特殊类型：附加语空位旁格关系句和领属关系句（问题B）；

第三章从中心语名词和关系小句谓词间的语义关系出发，将附加语空位旁格关系句区分为工具、材料类旁格关系句，处所类旁格关系句和伴随类旁格关系句。研究从关系结构的限制条件出发讨论各类关系句的合格条件，发现这些附加语空位旁格关系句并不是自由的。例如：

（10）a. 老师在屋子里办公。→ 老师办公的屋子
　　　b. 妹妹在屋子里跳绳。→ *妹妹跳绳的屋子
（11）a. 他跟舞伴一起跳舞。→ 他跳舞的舞伴
　　　b. 他跟那个女孩一起跳舞。→ *他跳舞的女孩

基于对不同类型的附加语空位旁格关系结构句法、语义表现的微观分析，可以发现中心语名词和关系小句间构成的"功用义"是影响这一结构合格性的关键因素，并且带有"功用义"的关系结构会倾向于被解读为属性修饰语。

第四章讨论汉语关系结构中的另一类特殊现象：领属关系结构。虽然普通名词和一价名词均能实现领属关系结构，但也存在一些限制。对比例（12）、（13）中的 a、b 两组：

（12）a. 面积小的三角形
　　　b. *妹妹漂亮的人
（13）a. 植物茂盛的山丘
　　　b. *松树茂盛的山丘

通过对这种限制的考察，我们发现关系小句中 $N_{属}$ 在语义上的附着特征和抽象性是领属关系结构的合格条件，并将这种语义特征统称为"依附义"。并且，名词的依附义还与汉语中多类结构的限制条件有关。

第三部分讨论自指结构的形成条件（问题 C），以及名词对定语小句的语义控制（问题 D）。

从中心语名词和定语小句的语义联系来看，自指结构可以分为事件义定语小句和内容义定语小句。内容义定语小句的形成条件比较单纯，要求中心语名词为内容义名词。第五章主要解决事件义定语小句的限制条件问题。这类结构同样要求中心语名词具备特定的语义要素，根据在结构中补出的隐含谓词与中心语名词间的物性角色关系，可以总结出八类事件属性义名词。事件义定语小句的形成条件与语义解读受事件属性名词内在语义结构的限制。

事件义和内容义两类定语小句结构均受中心语的概念结构控制，

这两类句法结构中名词对于其定语小句都具有句法、语义的约束和影响。第六章以内容义定语小句为例,讨论中心语内容义名词对于其定语小句真值的限制。例如:

（14）a. 总人数增多的事实
　　　b. 总人数增多的假象

例（14）是定语小句和内容义名词构成的内容义定语小句,定语小句"总人数增多"所表示的命题在（14）a中会被听话人判断为"真",而在例（14）b会被判断为"假"。由此可见内容义名词可以通过自身的语义倾向规定其定语小句的逻辑真值。针对这种现象,我们提出了内容义名词叙实性的判断标准,并详细分析了其内部分类情况。

0.5　语料来源

文中例句有三个来源:
1）北京大学中国语言学研究中心现代汉语语料库:
　　http://ccl.pku.edu.cn:8080/ccl_corpus/index.jsp?dir=xiandai；
2）前人文献中的用例;
3）作者根据语感和专业知识自拟的例句。

需要说明的是,根据本书研究需要,我们在"北京大学中国语言学研究中心现代汉语语料库"中共搜集到定语小句"VP的N"结构1383例,其中包括自指结构786例,转指结构597例。在转指结构（关系小句）中,分为附加语空位工具关系小句226例,附加语空位材料关系小句143例,附加语空位处所关系小句103例,领属关系小句125例。在自指结构（名词补足语小句）中,包含事件义名词补足语小句 364 例，内容义名词补足语小句 422 例。并根据后文研究需要进行了一定程度的标注。

文中根据作者语感自拟的例句基本只用于最小差比对的构建和特殊语境需要，总的原则是尽量使用语料库中的真实语料。

第一章　现代汉语定语小句研究概述

定语小句（adnominal clause/attribute clause）是指以小句形式出现，从属于名词并对名词进行修饰、限定和补充说明的句法成分。汉语的定语小句出现在中心语之前，属于前置定语小句；并且通常在小句末尾使用"的"进行标记。例如：

(1) a. 吃饭的人
　　b. 客人拿来的礼物

本部分关注以往定语小句研究中的热点问题和重要概念，旨在呈现与汉语定语小句有关的特殊现象，梳理已有研究成果，并对研究中尚未解决的问题和值得进一步探究的方面进行总结。

1.1　定语小句的界定

汉语中的形容词、名词、动词均可以作为定语出现在中心语名词之前，起修饰作用。其中，出现在定语和中心语之间的助词"的"可以有条件地显现或隐去（徐阳春 2003，王远杰 2008）。由于形容词、动词等谓词性成分均能作为定语出现，因此，汉语中"定语"和"定语小句"之间的界限比较模糊。加之"的"字在定中结构中可以隐现，因此有关"的"的句法地位也引起了很多学者的关注。本部分主要讨论前人研究中对汉语中"定语"和"定语小句"的区分，以及定中结构中"的"的句法地位。

1.1.1 定语小句与谓词定语

汉语中可以做定语的成分包括名词性成分、形容词性成分和动词性成分（吕叔湘 1982，朱德熙 1982 等）。这些成分可以直接修饰名词，也可以后接助词"的"来修饰名词。这类结构可能包含以下四种类型[①]：

  Ⅰ. VP+ 的 +N
  Ⅱ. V/A+（的 +）N
  Ⅲ. NP+（的 +）N
  Ⅳ. VP/A/NP+ 的

根据 Dixon（2010）对小句（clause）的定义，只要是一个有完整语调、带有核心谓词及其必要论元的片段都是小句。对于汉语这种省略型（ellipsis）的语言来说，核心论元在小句中也可以省略。因此，汉语中只要是具有核心谓词的片段就可以被判断为小句。Ⅰ类结构中通常带有动词的核心论元，或核心谓词带有动词附加成分，因此通常被认定为定语小句结构。例如：

（2）a. 喜欢看电视的人
   b. 看了很多遍的电影

而Ⅲ类中定语是名词性成分，不符合定语小句的定义，因此不被认定为定语小句。但在Ⅱ类中，形容词和动词等谓词性成分充当定语时，定语小句和定语的区分会变得相当模糊。例如：

---

 ① 汉语中有一类特殊的名词性结构，即"N 的 V"结构。比如："这本书的出版"。本书暂不涉及这类中心语为"动词"的结构。

（3）a. 红花　　　　　（4）a. 伐木工人
　　 b. 红的花　　　　　　 b. 伐木的工人

例（3）a、b 的定语均为形容词"红"，但是，a 例是形容词直接修饰名词，而 b 例带有标记"的"；例（4）a、b 动词做定语的例子也同样如此。由于"红"和"伐木"都是谓词性成分，因此这两类结构是"谓词性成分做定语"还是"定语小句"很难依据其形式直接判定。所以刘丹青（2008）也提到"汉语的关系从句在理论上范围特别广"。

相关研究对于Ⅱ类定中结构是属于定语还是定语小句鲜有讨论。一般涉及Ⅱ类定中结构时，无论谓词性成分与名词之间是否存在"的"，研究文献中都称其为"定语"[①]（朱德熙 1956、1982，吕叔湘 1982，陆丙甫 2003，石定栩 2010 等）。不过，Xue et al.（2000）、Zhang et al.（2011、2012）在构建汉语语法描写体系时，都将"A/V+的+N"结构视为定语小句加中心语；而将"A/V+N"中的"A/V"处理为定语。但这两项研究都带有很强的工程目的，将"V/A+的+N"结构处理为定语小句是为了将名词和修饰语中的谓词进行语义关联，确认它们之间的语义关系。由于一般认为定语小句（准确说是定语小句中的关系小句。二者的区别详见 1.2 节的讨论）是通过小句论元移位到中心语位置而生成的，因此，定语小句和其中心语能够获得论元关系，而定语和其中心语则不能。但这种处理并不能说明谓词直接修饰名词的"V/A+N"结构和"V/A+的+N"之间在句法表现和句法功能上有何不同。

朱德熙（1956、1982）区分了汉语中带"的"与不带"的"两类定语结构。前者被称为组合式定语，后者带有"单词化"的倾向，被称为黏合式定语。并且，这两类定语在句法分布上有明显差异。当两

[①] 或相当于"定语"的概念。吕叔湘（1982）称其为"加语"。

类定语叠加修饰名词时，组合式定语必须出现在外围，而黏合式定语要紧贴名词出现。从这点来看，定语是否带"的"具有句法功能上的差异。从语义功能上看，带"的"的定语结构和不带"的"的定语结构也存在着差异，这种差异被前人归结为"描写－限制"(朱德熙 1956)、"认知紧密度不同"(张敏 1998)、"限制性－非限制性"(陈玉洁 2009)、"内涵性组合－交集性组合"(陆烁、潘海华 2016，陆烁 2017)。可见，带"的"与不带"的"的修饰结构在句法、语义层面均存在区别。因此，将"V/A+N"和"V/A+的+N"区别对待是比较合理的。并且，石定栩(2011：104—125)、完权(2016)、陆烁(2017)、邓盾(2021)均证明，带"的"与不带"的"的两类修饰结构是不同的句法单位，"的"字结构是短语，无"的"的结构是词。刘丹青(2008)也提出：谓词性单位带"的"做定语都能看作定语小句。但谓词不带"的"做定语的情况应该排除在定语小句之外。因为谓词直接做定语与核心名词关系特别紧密，很像和名词结合成的一个复合词。如作为名词性单位的"学习文件、出口商品、打印材料"和"聪明学生、高大形象"等。这类修饰语只能在数量结构"那个、一个"后出现，而带"的"的谓词成分与核心名词关系松散，出现的位置比较自由。由此可见，目前对于汉语定语小句的定义是以"定语中含有谓词性成分"且"使用'的'进行标记"为主要依据的。

1.1.2 "的"的句法地位

类型学研究认为，定语小句可以凭借多种句法标志进行辨识。其中包括韵律、动词屈折形式、定语标记和关系代词等(Comrie 1989, Dixon 2010)。汉语中标示定语小句的是处于小句末尾、连接小句和中心语名词的"的"。根据 1.1.1 中的讨论，汉语中还存在"N+的+N"

结构，比如"木头的桌子"。这类结构中"的"只能是"定语标记"。因此汉语中的"的"兼具标记定语和标记定语小句的功能。

有学者将汉语中的"的"等同于英语中的"that"或"which/who"，认为"的"是一个关系代词。但根据 Comrie（1989）、Dixon（2010），关系代词通常会使用格标记（case marker）来显示它们在句中的句法语义角色。比如英语中"who"和"whom"的区分。但汉语中的"的"显然没有标记中心语在小句中的句法成分的功能。因此，也有学者认为"的"应该只是一个具有普遍性的定语小句标记（Zhang 2008）。

此外，由于汉语中存在多种类型的"的"字结构，关于"的"的句法性质吸引了很多学者进行讨论。本部分也对此进行简要梳理。朱德熙（1961）认为，汉语中存在三类不同的"的"：副词性后附成分"的$_1$"，形容词性后附成分"的$_2$"，名词性后附成分"的$_3$"。后来研究者对朱先生分出的三个"的"进行了不同程度的归并。黄国营（1982）认为"的$_1$""的$_2$"都不改变其前面成分的语法性质，可以合为一类。而"的$_3$"改变了它前面成分的性质，可以单立为一类。郭锐（2000）认为，把"的$_3$"看作名词化标记并不合适，"的"字结构在词汇平面都是修饰性的，在句法平面才有指称性，三个"的"可做统一处理。陆俭明（2003）、司富珍（2004、2006）、熊仲儒（2005）都认为，"的$_3$"以及修饰名词性成分的"的$_2$"是 DeP 结构中的头词，"的"可以使整个结构变为名词性短语。这一解释不仅可以统摄"XP+的+N"的结构，并且还可以解释"NP+的+V"的结构。但对于这一看法，也有学者提出了不同意见（周国光 2005）。

而在语义语用方面，也有不少学者致力于寻找不同句法位置上"的"的共性。张敏（1998）指出，加"的"增加了修饰语和名词之间的认知距离，并且所有"的"都有此类功能。陆丙甫（2003）也同意"的"字的各类用法具有同一性，认为"的"的基本功能是做描写性标记，而区别性或指别性功能是描写性派生出来的语用功能。沈家煊、王冬梅（2000）、完权（2010、2013）认为"的"字修饰结构具有"参照体-目标"特征，具有提高指别度和"调动听者注意力"的功能。

通过以上讨论可以看到，相关研究几乎都在追求"的"在句法、语义、语用特征上的统一解释。不过，对于定语后"的"的句法地位，学界有着比较统一的意见："的"是汉语中的定语和定语小句标记。

1.1.3 定语小句的判定标准

由于"的"可以兼做定语标记和定语小句标记，"A/V 的 N"是否可以视为定语小句结构无法从"的"本身的功能来推断。有鉴于此，我们必须重新回到"小句"（clause）的语言学定义中，找到区别"定语"和"定语小句"的依据。在形态变化丰富的拉丁语和英语中，"小句"（clause）的概念通常和动词的限定（finite）、非限定（non-finite）形式挂钩，小句的谓词必须是限定形式的谓词，而非限定形式的谓词则常常出现在从属成分中，如英语中的"to do"和"doing"形式，这些形式不被认为是小句。但动词的限定、非限定形式的判断标准必须依托动词的主谓一致、时体态等形态变化（Quirk et al. 1985：150，Givón 1990），从而导致这种判定方法在汉语中难以推行。汉语中关于动词限定、非限定形式的讨论一直是学界关注的热点话题，对于句法形态不发达的汉语来说，判定标准极难统一（郭杰 2013），因此也有学者对汉语是否存在动词限定-非限定形式的对立产生了怀疑（Hu et al. 2001）。并且在汉语中，处在定语位置上的谓词少与时体成分共现，大部分的共现都是有条件限制的（唐正大 2014），因此，通过动词形式判定小句身份的方法可行性不高。

在这样的情形下，我们只能暂取权宜之计，由于"A/V+ 的 +N"

与"VP+ 的 +N"在句法分布上没有明显的差异，基本可以认定它们属于同一类句法结构，因此本书认为这两类"的"字结构均为定语小句结构。这种判定实际上是在排除法的基础上进行的，处于定语位置的"A/V"和"VP"有些允许带时体标记，比如："挖（了）土豆的人""笑（了）的人"；而有些定语位置的谓词则完全不允许带有时体标记，比如："我们挖（*了）的土豆"（李铁根 1999）。这二者间的差异是什么？这种差异是否可以作为定语小句和定语的分类标准？这些问题都有待进一步的挖掘。

1.2 定语小句的句法类型

在汉语研究中，定语小句通常也被称为定语从句或关系小句、关系从句。在一些研究中，对"定语小句"和"关系小句"两个概念并不进行区分。本书所采取的观点不同，根据 Dixon（2010），关系小句之名源自于"关系化"，其最核心的特点是：关系结构中的名词中心语是从小句中提取出来的，并且修饰性小句中的核心谓词必须与中心语名词之间存在明确的论元关系。但在汉语中有一类定语小句，其中心语与小句核心谓词间并没有非常清晰的论元关系（朱德熙 1983）。例如：

(5) a. 火车进站的时间
　　b. 开车的技术

这类定语小句明显没有关系化过程，因此我们根据类型学中关系小句的定义，认为这类定语小句与关系小句不同。因此本书将所有用于修饰名词的小句统称为"定语小句"。

朱德熙（1983）首先提出汉语"的"字结构存在"转指"和"自

指"两类。① 转指"的"字结构中,"的"后的中心语名词是"的"前谓词的论元成分。例如:

（6）a. 我吃的东西
　　b. 吃东西的人

而"自指"结构中,"的"后中心语名词无法在"的"前的小句中找到句法空位。比如:

（7）a. 他去北京的原因
　　b. 参加学生会的机会

并且,朱德熙（1983）发现,"自指"和"转指"两类"的"字结构在句法功能上也存在差异,即"自指"结构不能独立指称中心语名词,而"转指"结构可以实现。例如:

（8）a. 我吃的 = 我吃的东西
　　b. *他去北京的 ≠ 他去北京的原因

之后的汉语研究中,通常将转指"的"字结构视为"关系小句"（relative clause）结构。并对这一结构的位移机制做了大量的研究（Huang et al. 2000, Aoun & Li 2003: 132—151, Cheng & Sybesma 2005, 陈宗利、温宾利 2013）,基本认为汉语关系小句是通过位移生成的。Ning（1993）认为关系小句是算子移动的结果,但汉语中并没有"who、which"这样的关系代词对应项,因此该文提出汉语关系小句是零形式算子移动的结果。Huang et al.（2000）认为汉语关系小句

---

① 本书只讨论修饰语是谓词性成分的"的"字结构。"名词+的+名词"的"的"字结构同样可以区分"自指"和"转指"两类。

是中心语移动的结果。Aoun & Li（2003）采用折中的办法，认为汉语中有些小句是算子移位，有些是中心语移位。杨彩梅（2008）、杨彩梅、杨艳（2013）则认为汉语关系小句不涉及移位。

而对于汉语中的"自指"结构生成机制的研究相对较少。其中，熊仲儒、刘凡（2013）将这一结构称为"饱和关系子句"；陈宗利、温宾利（2013）认为自指结构的生成机制不是名词的移位，而是定语和中心语通过内容的相关性（aboutness）进行结合，但同样称之为"关系小句"。Zhang（2008）、Huang（2016）认为汉语中的自指"的"字结构类似于英语中的名词补足语小句（noun-complement clause）。比如英语中的"事实小句"（fact-clause）：

（9）the fact that he won the game

例（9）中的定中结构，中心语"fact"和定语小句中的"won"之间没有论元关系，但中心语和小句间存在内容同指的关系，因此被归类为名词补足语小句（noun-complement clause），或我们通常所称的"同位语小句"（appositive clause）。

与此同时，很多类型学家认为不是所有语言都像英语一样存在关系小句和名词补足语小句的对立。日语、韩语及高棉语中均不区分两类定语小句（Matsumoto 1988、1990、1997，Comrie & Horie 1995，Cha 1998、2005）。

Matsumoto（1988、1990、1997）研究发现，日语中定语小句没有明显的关系小句和名词补足语小句的对立。因为日语的句子通常都会省略论元，句子的主语允许不出现。这样，即使定语小句中存在论元空位也不能说明中心语名词就是定语小句的主要论元。而且日语中存在大量中心语名词与定语小句核心谓词无论元关系的情况。例如：

（10）atama-ga　　　yokunaru hon
　　　头脑-NOM　　提高　　书
　　　？促进头脑发展的书／能提高智力的书
（11）yoru　toire-ni　　ike -naku -naru　hanasi
　　　晚上　厕所-GOAL　不敢去　　变成　　故事
　　　（听了之后）晚上不敢去上厕所的故事
（12）gakkoo –ga　　　yasumi-ninatta yuki
　　　学校-NOM　　关　　　变成　雪
　　　（导致）学校关门的雪
（13）biza-o　　　toota　　ryokoo
　　　护照-ACC　获得　　旅行
　　　？我办了护照的那次旅行／那次旅行，我办了护照。

　　Mastumoto认为日语的定语小句和中心语名词之间是纯粹的语义关系，解决方式也只能是从名词的语义框架出发进行解释。所有的名词修饰小句都是直接黏附在名词上的附加成分，不需要考虑这些小句的内部结构和其中心语的关系。无论是有空位还是无空位定语小句，它们的解释都应该从修饰语和中心语名词的语义和语用角度出发。因此，Matsumoto主张日语只有一类具有修饰功能的定语小句[①]。在讨论日语定语小句结构时，应该淡化小句中的谓词和名词之间的谓词－论元关系。

　　Cha（2005）指出韩语也具有相同的情况。Comrie（1996、1998）、Lappola（2013）一致认为在句子论元可省略的东亚多种语言中，都不具有关系小句和名词补足语小句的区分。因为所有的定语小句实

[①] Matsumoto（1988、1990、1997）使用的术语是"名词修饰结构"（noun-modifying construction）。本书为了保持术语一致，使用概念基本相同的定语小句。

际上都不涉及任何句法移位，全部是修饰性成分。Comrie（1998）认为至少有两种不同语言类型的定语小句。英语属于通过提取手段（extraction）生成的关系小句，而以日语为代表的东亚语言中的前置定语小句结构都是独立的结构，不存在提取过程，只是附着于中心语之前。之后，Mastumoto et al.（2017）将这种看法推广到泛太平洋地区的诸多语言中，认为这些语言和印欧语中修饰语结构二分不同，这些语言中只有一类修饰结构，这类结构被称为"修饰名词的普遍性小句结构"（general noun-modifying clause construction，GNMCC）。

在汉语研究中，基于沈家煊"名动包含"和"并置观"的理论成果，对于汉语定语小句的研究中也存在着一些观点类似于 Mastumoto 等人提出的"修饰名词的普遍性小句结构"。沈家煊、王冬梅（2000）、沈家煊、完权（2009）以"N 的 V"和"NP 之 VP"为研究对象，提出现代汉语的"的"字修饰结构本质上是自指结构，修饰语和中心语之间是一种"参照体-目标"的关系，并从可及性、指别度等方面从语篇信息结构上证明了这一结论。此后，张伯江（2014、2018）在讨论汉语定语小句结构时，均采用了这一结论。张文认为中心语可以是修饰小句（谓词/形容词）的非论元成分，在这一框架下可以发现诸多"关系化"无法解释的现象；并认为汉语中所有修饰语都是作为"参照体"来引出作为"目标"的中心语的，偏正结构实际上也是一种"并置"结构。吴怀成、沈家煊（2017）也同样使用了这一理念来解释汉语"者"字结构。

以上研究揭示出汉语定语小句不只包含着关系小句一种类型，一些定语小句的形成也并不涉及关系化的过程。不过，与此同时还应注意到定语小句的句法表现上仍然存在着内部的差异。根据朱德熙（1983）对"自指"和"转指"指称性功能的研究，以及 Huang（2016）给出的叠加测试，都显示汉语中存在两类句法位置和句法功能不同的定语小句，汉语中的转指结构（关系小句）和自指结构（名词补足语小句）应该是具有不同句法功能的分类。

此外，王亚琼、冯丽萍（2012）还根据关系小句中关系化的论元的语义角色情况，将关系小句分为动元关系小句和状元关系小句。前者主要指动词的施事、受事关系化，后者是指中心语名词和小句所描述的事件间存在凭借、因果、环境关系。例如：

（14）a. 评判胜负的标准
　　　b. 拜望冰心的那天

因此，汉语定语小句内部是否存在不同分类，不同类型之间是否具有功能差异，是一个仍待解决的问题。

1.3　定语小句的句法特征

Dryer（1998、2003）表明，VO型语言（核心居前型）几乎一律用"名词+关系小句"的语序，OV语言（核心居后型）则是两种语序都常见。这种不对称说明总体上关系小句有后置于核心名词的倾向，这也符合重成分后置的语用原则。但汉语是一个例外。一般认为汉语属于定语小句前置类型（吴福祥 2012）。不过方梅（2004）发现，现代汉语口语中，也有关系小句后置的情况。比如：

（15）a. 我的<u>老同学</u>，[那个穿白衬衫的]$_{RC}$，是老师。
　　　b. 你比如说你跟着那种水平不高的<u>英语老师</u>，[他根本不知道那个纯正的英语发音，他英语语法也不怎么样]$_{RC}$，你就全完了。

本部分主要讨论汉语中最普遍的前置定语小句的句法结构特点。

由于关系小句（"转指"结构）和无空位定语小句（"自指"结构）在句法特点上差异较大，因此分为两节分别讨论。

1.3.1 关系小句的句法结构

在 Comrie（1989）提出的五种关系化策略[①]中，汉语主要采用的是空位关系化策略，即通过在关系小句中留有空位而将本来处在该句法位置上的名词变为关系结构中的中心语。大部分汉语研究者认为如果中心语和定语小句核心谓词有论元关系，那么定语小句就是通过句中名词移出小句生成的（Huang et al 2000，Aoun & Li 2003，Cheng & Sybesma 2005，陈宗利、温宾利 2013，熊仲儒、刘凡 2013 等），这种看法的基础就是，关系小句中通常存在"论元空位"（gap）。而中心语名词能够以论元形式补回小句中，通常是占据小句的主语或宾语位置。例如：

（16）a. ___Subj 吃饭的人
　　　b. 小王吃 ___Obj 的水果

Keenan & Comrie（1977、1979）针对一个句子中不同类型的名词论元关系化的难易程度，提出了著名的"名词短语可及性等级序列"（Noun phrase accessibility hierarchy）。这一序列显示，小句中从主语、直接宾语、间接宾语、旁格、属格到比较宾语，其关系化的可能性逐级递减。该研究认为汉语中的间接宾语在进行关系化时，就需要使

[①] 策略一：关系代词策略；策略二：无降级（non-reduction）关系化策略；策略三：头词内置（internally headed）关系化策略，其中，头词以句内名词短语的形式呈现在主句（matrix）中没有额外的表现；策略四：代词保留策略，在这种策略中，被关系化的位置通过人称代词在小句中被额外显示了一次；策略五：空位策略，小句内部不带明显的共指成分来指向中心语名词，而是在句中保留空位。

用"有格标记（+case）"的关系化，即代词回指的策略。根据这项研究，汉语中名词关系化的可及性符合这一等级。郭锐（2009）、许余龙（2012）同样支持这一说法。

但是 Ning（1993）发现，虽然旁格的可及性等级低于间接宾语，但汉语小句中的"工具、材料、时间、处所"等非必有论元都无需句内回指，可以直接实现关系化。并根据关系化过程的不同将旁格关系小句分为两类，一类包括地点（他修车的车库）、时间（他修车的晚上）、方式（他修车的方法）、工具（他修车的钳子）、原因（他修车的原因），这类旁格可以像主宾语一样直接实现关系化。另外一类关系小句，则需要使用代词回指策略。这类名词包括在小句中充当伴随、目标、与事、来源（起点 ablative）、比较对象（comparative）的名词成分。这类定语小句中不能出现空位，而需要使用代词来填充中心语名词的位置。

但是 Huang（2016）发现，在旁格成分保留空位的定语小句中，有一类比较特殊的中心语。这类中心语通常是指人的关系名词，一般在句中表示"伴随"，可以加介词"和/跟"等还原入小句。例如：

（17）他跳舞的舞伴 → 他跟舞伴跳舞。

1.3.2 无空位定语小句的句法结构

对比有空位定语小句，学界对于汉语中无空位定语小句（大部分属于自指"的"字结构）的关注相对较少。无空位定语小句指定语小句本身是自足的，动词的主要论元都在小句中实现，并且中心语名词不能通过添加介词的手段补回小句中。黄国营（1982）将这类结构根据语义划分为以下四类：

表内容：旅游的杂志 访问西欧的报道 爷爷打猎的故事

表所得：卖余粮的钱 跑百米的金牌 考外语的分数
表同一：招生的工作 养猪的事情 爱打架的习惯 就是扔的意思
表比喻：商量的口气 吃鸡屎的样子

古川裕（1989）指出汉语中的"自指"结构可能存在两类，一类是指称内容的自指结构，比如"他获奖的消息"；另一类则有可能指向名词产生的原因，比如"踩在雪上的声音"。而 Zhang（2008）进一步将这两种结构区分开来，并说明："消息"类名词构成的无空位定语小句是对应于英语中事实小句（fact-clause）的名词补足语小句；而"声音"类名词构成的无空位定语小句则不是名词的补足语小句，而是名词的指示语（specifier）。但 Zhang（2008）并未说明这种区分有何句法标准。

对于无空位关系小句的生成机制，不同学者的见解也存在较大差异。古川裕（1989）提出，能够构成自指结构的中心语名词是一个封闭的集合，这些中心语名词必须具有特定的语义：[+内容]。而自指结构就是指向名词的具体内容。因此沈家煊（1999）将这类名词称为容器名词。Schmid（2000）则将英语中的这类名词称为外壳名词（shell noun），即这类名词是一个空壳，其中的内容有待填充。但是，[+内容]的定义只适用于"消息"类自指结构，而不适用于"声音"类自指结构，比如：

(18) a. 妈妈炒菜的声音
　　 b. 加入学生会的机会
　　 c. 去北京的原因
　　 d. 狗熊出没的痕迹

其中"声音、机会、原因、痕迹"都不是内容义名词。袁毓林（1995）采用"隐含谓词"的方法来解释"声音"类自指结构，认为在这一结构中，小句内部通常可以补出一个隐含谓词，这个谓词支撑了整个句子。例如：

（19）a. 游泳［造成］的姿势
　　　b. 关门［发出］的声音

但这一看法由于补出谓词的不确定性而受到过一些质疑（崔应贤 2004，宋作艳 2014）。宋作艳（2014）认为这类自指"的"字结构与中心语名词的关系是"属性"关系。即自指结构是中心语的某种属性，并将这些属性具体划分为"种属关系、前提条件、功用、结果"四类。

沈家煊（1999）则采用"转喻"的方式来解释自指结构的生成，认为自指结构与中心语名词之间存在转喻关系。自指结构的形成是转喻这种普遍认知方式在句法上的体现，可称之为"语法转喻"。而由于语法中的"转指"本质上也是"转喻"，可以认为自指"的"字结构和转指"的"字结构的生成机制是一致的。

陈宗利、温宾利（2013）使用重构效应和长距离依赖关系对四类定语小句进行了测试，发现论元关系、状语关系、话题关系的定语小句都可以通过测试，只有松散关系的小句不能通过测试，并得出结论：论元、话题，以及时间、地点状语关系化时，关系结构需由移位生成；其他状语和松散成分关系化时，则要通过直接识解的方式生成。认为松散小句的生成方式是通过"相关"（aboutness）关系允准的。

Ning（1993）认为"声音、结果"类名词和其小句的关系与旁格（附加语）空位小句的关系是一致的。该文认为，对于前者来说，中心语和定语小句之间涉及一种"结果"联系，可以表达"obtain"（获取/得到）。Huang et al.（2000）、Huang（2016）认为无空位小句的表现为名词的补足语（complement）[①]而不是修饰成分（modifier），并借鉴 Zhang（2008）的结论，提出：类似于"结果、价码、情况、后果"的名词是关系名词（relational nouns），它们提供一个论元位置需要填充（saturated），而这些传统的所谓无空位关系小句（gapless relative）实际上是名词中心语的论元（argument）。

Cheng & Sybesma（2005）认为所有类型的定语小句都与中心语名词存在述谓关系（predication relation），该文将"的"看作一个 λ 抽象的算子，这个算子不仅可以约束论元、附加语变量，还可以约束一个事件变量。"的"通过约束事件生成一个谓词，然后与"声音"相联系，表达惯常体事件的意义。

此外，针对无空位定语小句本身的句法特点研究较少。但 Cheng & Sybesma（2005）也发现，无空位小句中的活动必须是惯常体的，不能有时制上的限制（temporally restricted）。例如：

（20）a. 他唱过的歌
　　　b. 刚才唱过歌的演员
　　　c. *他唱过歌的声音

1.4 定语小句的语义特点

类型学研究里，定语小句限制、非限制（restrict/non-restrict）的对立吸引了大批学者的关注。限制性关系小句用于特指一个事物而排除其他可能性，名词所处的主句并未提供足够的信息来指明具体的事物。而非限制性关系小句是在假设听话人已经明确所指的情况下，作

[①] Huang et al.（2000）将这种现象称为"名词补语"（noun-complementation），在 Huang（2016）中进行了术语和解释上的完善，改称为"补足语"（complement）。

为一种补充信息出现的（Comrie 1989，Dixon 2010）。在英语中，非限制性定语小句存在语调停顿，在书写上要使用逗号。并且在语义和语用上，限制性和非限制性定语小句的功能也有很大不同。限制性定语小句使用预设信息来指明名词的所指，而非限制性定语小句则是一种新信息的出现形式，它被附加在已经定指的名词上。不过，从类型学的角度来看，定语小句的限制性和非限制性的区分只是一种偶发现象。有些语言没有形式上的区分，有些可能只有语调上的停顿。

汉语中存在着大量针对定语小句语义分类的研究。这些研究有些是在英语"限制、非限制"概念框架内进行类比讨论的，而有些则更专注于汉语定语在句法表现和语义表现上的不同。这些讨论基本围绕着"限制（限定、区别、指别）"和"描写（非限制）"二分的框架展开的。相关的研究不只局限于定语小句，通常还包括领属性定语、形容词性定语等修饰语。

1.4.1　汉语定语的"限制－描写"之争

首先使用"限制"和"描写"来区分定语语义特点的是朱德熙（1956）。其研究指出，黏合式定语是限制性的，"白"表示一种属性，加在"纸"这个类名上，形成一个新的类名"白纸"。"白"是给"纸"分类的依据。如果"的"字结构由简单形式构成（性质形容词），其作用也是限制性的；如果"的"字结构由复杂形式构成，其作用就是描写性的，用来描写中心语的状态。

不少研究认为所有定语都能分为描写性的和限制性的（刘月华1989，黄伯荣、廖序东 2002，房玉清 2001，方梅 2004、2008）。国内文献中的定义主要分为三类：第一类是以词类地位为标准。朱德熙（1956）即为此中代表。该文通过词类（性质形容词、状态形容词）和句法形式（黏合式、组合式）来确定定语限制和描写的分类，并认为句法形式上的不同表现出了不同的语义功能。沈家煊（1999）则进一步用"区别"和"描写"的对立说明句法转指的规律只适用于定语为形容词或名词的"的"字结构。"白"等性质形容词是区别性的，"雪白"等状态形容词则是描写性的。因此，能形成转指的性质形容词具有恒久特征，在语义上是区别性的；而不能形成转指的状态形容词具有临时性，语义上是描写性的。房玉清（2001）认为名词、代词、形容词、动词充任的定语都是限制性的；形容词的重叠形式或复杂形式做定语时是描写性的。

第二类以语义或者说话人的意向作为标准："限制性定语从数量、时间、处所、归属等方面对中心语加以限制"，"用这类定语修饰某事物时，一定还有其他同类事物存在，说话者认为有必要或者必须加以区别"；而"描写性定语从性质、状态、特点、用途、质料、职业、人的穿着打扮等方面对中心语加以描写"，"说话者所着眼的主要是所描写的事物本身，而不理会是否还有其他同类事物存在"（刘月华1989：470—473）。此外，刘月华（1989），黄伯荣、廖序东（2002）提出，能够回答"哪一+量词"问题的是限制性的定语结构，能够回答"什么样的"是描写性定语。

第三类是以交际信息的性质为标准。陈宗利、温宾利（2004）提到如果定语表示旧信息则属于限制性定语；如果定语表示新信息，就是描写性定语。并提供了"音系标记"作为判断标准：限制性定语带对比重音，描写性定语不带对比重音。

通过上述三类情况可知，从不同研究角度来看，"限制-描写"这对概念在使用时并不是处在同一层面上的。朱德熙（1956）、沈家煊（1999）、房玉清（2001）实际上均是从不同词类做定语时具有不同的语义功能来定义"限制-描写"的；但刘月华（1989）、黄伯荣、廖序东（2002）则是完全根据语义特点来区分"限制-描写"，因此，在区分过程中出现了内部不一致的现象：刘月华（1989）认为"木头房子"中的"木头"是描写性定语；而黄伯荣、廖序东（2002）认为同为"材料+物体"结构的"石头房子"中"石头"是限制性定语。通过定语信息的新旧属性以及音系特点（重音）来区分"限制-描写"定语也比较难以操作，比如："他天天在街边摆摊削梨……谁能想到就是这个削梨的青年，几年后成了决定他们命运的关键。""削梨的青年"中，定语"削梨"在语篇中为旧信息，但却带对比重音，因此这一结构是限制性还是描写性的，很难通过规则断定。

之后的很多研究基本都主张打破定语语义"限制-描写"的二分框架。屈承熹（2005）、石定栩（2010）认为所有的定语都是以"限制"作为其语义特征的。石定栩（2010）提出描写性表示只对相关成分进行说明，而不改变其所表达事物的范围。如果描写性定语真的存在，其根本特点就是不会改变中心语所指的范围。中心语所表示的事物形成一个集合，在受到描写性定语修饰后，整个定中结构仍然表示同一个集合。因此，定语是否改变了中心语原来的所指范围，是区分限制性定语和描写性定语的关键。并且该文还提出，在实际语言中，不存在"不改变名词所指范围的定语"。对于"黑煤球、更好的自己"这类通常认为是描写性定语的例子，石定栩（2010）认为它们在可能世界中依然存在对立项，所以也属于"限制性"定语。

陆丙甫（2003），文旭、刘润清（2006），陈玉洁（2009），完权（2012），贺阳（2013），文旭、邢晓宇（2014）虽然主张"限制（区别）-描写"各有其描述的语言现象，但都一致认为两个概念可以统一解释。陆丙甫（2003）认为在语义层面"的"字定语的用法是具有同一性的，均为描写性定语。限制（区别）性的定语是在语用层面派生出的功能。陈玉洁（2009）基本同意陆丙甫（2003）的结论，并通过分析定语（该文主要讨论形容词定语）的情态、语序和中心语的性质揭示出制约定语语义类型的句法因素。完权（2012），文旭、邢晓宇（2014）则都使用了"入场理论"来对定语在认知层面的特点进行分析，认为描写和限制都只是入场的手段。这类讨论主要关注语用或认知层面，在这个层面上定语通常会表现为"限制、描写"两种功能。当言者认为实体的指别度够高时，通常会使用描写策略（完权 2012）。

1.4.2 与定语小句语义有关的概念界定与关联

"限制-描写"概念是在汉语语言事实的基础上提出的，重点讨论汉语不同类型的定语所表现出的语义功能（后期还包括语用功能）的差别。而在类型学研究中，其他学者还讨论过汉语中是否存在"限制（定）性定语小句"和"非限制（定）性定语小句"的问题，以及"属性修饰语"（individual-level modifier）和"事件修饰语"（stage-level modifier）的区别。本节中我们集中讨论这两对概念在汉语定语小句研究中的运用。将这两对概念放在一起分析，主要是由于其所涉及的汉语现象是一致的，均源于赵元任（1968）关于"指量结构"和"定语小句"语序的讨论。

赵元任（1968）使用"限制-描写"这对概念描写了定语小句结构，认为描写性在逻辑上不如限制性强。比如：

（21）a. 那位戴眼镜儿的先生
　　　b. 戴眼镜儿的那位先生

例（21）a 只是描写"先生"的状况，而不是将其与别的"先生"区分开来，因而是描写性的；而例（21）b "戴眼镜儿的那位先生"则是限制性的。这种区分实际上是根据"指量"短语和"定语小句"的相对位置来对定语小句语义进行的划分。但是，这种划分所关注的语义特征是"是否具有指别性"或"中心语名词是否定指"，因此可以认为赵元任（1968）所使用的"限制－描写"概念基本等同于类型学研究中对定语小句"限制－非限制"的区分。自此，汉语定语小句是否像英语一样存在"限制－非限制"之分引发了大量争论。

Huang（1982）同意赵元任（1968）的观点，认为指量短语在定语小句外围的结构中，定语小句是非限制的，如例（22）；指量结构在定语小句之后的结构，定语小句是限制的，如例（23）：

（22）那本我昨天买的书
（23）我昨天买的那本书

而 Tsai（1994）的看法正好相反，该文主张位置低于指量短语的定语是非限制的，如例（24）；而位置高于指量短语的定语是限制的，如例（25）：

（24）阿 Q 在写那本大家都会喜欢的书。
（25）阿 Q 在写大家都会喜欢的那本书。

唐正大（2006）、刘丹青（2008）认为限制、非限制的根本区别还是在于限制性定语会缩小中心语所指事物的范围，而非限制性定语不会改变相关集合的范围。唐正大（2006）还发现，根据名词和定语小句的语义类型，定语小句会倾向于被理解为"限制"或"非限制"。比如该文提到，修饰语依赖型名词作核心名词时，定语小句都只能解读为限制性关系小句。但专有名词前面的定语小句通常要理解为非限制性从句。如："热爱劳动的中国人民""成天打麻将的王太太"等。

Del Gobbo（2005）、Zhang（2008）则认为汉语中完全不存在"非限制性"小句的概念。方梅（2004）认为汉语中的前置定语小句都是限制性的，用来指称、识别某个实体；而非限制或表示背景描写的定语小句则多以后置形式出现。Lin（2003）、Del Gobbo（2005）、唐正大(2007)也通过一系列句法、语义测试手段验证了定语小句与指量结构语序不同造成的两种修饰结构与英语中所界定的"限制-非限制"概念无关。这说明这对概念实际上只是反映出了母语者对于这两种结构的语感差异。

Lin(2003)认为大部分汉语定语是限制性的,但从语感方面来看,表示稳定性质的定语也可以发挥非限制性作用,用来修饰语境中定指的中心语名词。例如:

(26)向来不爱读书的小明也读起书来了。

而表示活动的或不稳定事件的定语则不能是非限制性的。例如:

(27)*坐在草地上的张三很喜欢抽烟。

两句中定语的语义不同,因而造成了两句话的接受程度不同。Lin(2003)认为,如果定语相当于属性谓语(individual-level predicate),就是非限制性的,可以修饰专有名词;如果定语相当于事件谓语(stage-level predicate),就是限制性的,不能修饰专有名词。Lin(2003)将属性谓语(或修饰语)和事件谓语(或修饰语)纳入讨论,和限制、非限制概念对应起来。从而将属性修饰语-事件修饰语这对概念引入了汉语修饰语语义分类的讨论。

根据Carlson(1977),属性谓词(individual-level predicate)和事件谓词(stage-level predicate)是相互对应的概念。前者描述事物属性,后者描写事物的行为和阶段性状态。据此,Svenonius(1994)提出英语修饰语中存在属性修饰语和事件修饰语的区分,前者在语义上指向固定属性,后者指向暂时的、阶段性的性质。之后,Larson & Takahashi(2007)发现,韩语、日语、汉语和土耳其语中都存在着这两种修饰语的差别,并且这种差别不仅仅是语义上的差异,在句法表现上亦有所不同。Del Gobbo（2005）、Larson & Takahashi（2007）、Lin（2008）将这种不同总结为：在两类修饰语同时出现时，属性修饰语通常距离名词中心语更近。即属性修饰语出现在名词的近端，事件修饰语出现在远端。

Del Gobbo（2005）进而使用这对概念对汉语中的定语小句与指量结构搭配时形成的内置式和外置式进行了区分[①]：出现在指量结构之后的定语小句可以是属性的，也可以是事件的，但出现在指量结构之前的关系小句则只能是事件的。因为事件修饰语修饰的是 DP 层，而属性修饰语处于 NP 层。例如：

（28）a. 昨天没有来的那个很喜欢唱歌的学生叫张三。（事件修饰语 + 属性修饰语）
　　　b. *很喜欢唱歌的那个昨天没有来的学生叫张三。（属性修饰语 + 事件修饰语）

这一结论指出了为何例（28）a 中两个定语小句的位置不能互换。但正如 Lin（2008）所指出的，属性修饰语和事件修饰语共同出现时，虽然能够严格按照"事件修饰语 + 属性修饰语"的顺序出现，但这与定语小句和指量结构的语序无关。因为无论是单独的属性修饰语还是事件修饰语，都可以自由地出现在指量结构之前或之后。例如：

（29）a. 昨天没有来的那个学生（事件修饰语 + 指量）
　　　b. 那个昨天没有来的学生（指量 + 事件修饰语）
　　　c. 那个很喜欢唱歌的学生（指量 + 属性修饰语）
　　　d. 很喜欢唱歌的那个学生（属性修饰语 + 指量）

[①] Del Gobbo（2005）最终将属性修饰语和事件修饰语作为区分描写性关系句和限制性关系句的标准。但本书不做这样的处理，仅就两类修饰语进行讨论。

因此，属性和事件修饰语的引入为汉语定语小句语义分类带来了新的观察视角。但使用事件修饰语和属性修饰语对出现在指量结构前或后的定语小句进行归类，却并未获得切实可靠的结论。

1.5 定语小句的语篇功能

关于定语小句①在语篇中所承载的信息功能，不同学者曾从多个角度进行过深入探索。从定语小句本身的信息状态来看，可分为"增加信息定语小句"（informative relative clause）和"无信息定语小句"（non-informative relative clause）（Bernardo 1979）。其中，增加信息定语小句为所指名词提供新信息，为听者增加名词的相关信息，类似于对中心语名词进行直陈描述；而无信息定语小句则分为两类，一类是识别定语小句（identificatory relative clause），一类是特指定语小句（specificatory relative clause）。两者均不增加名词的信息，对于听者来说，定语小句都是已知事件。区别在于前者回指定指名词，后者通过已知事件来定义不定指名词。

而从定语小句在语篇中对名词的指称功能来看，陶红印（2002），方梅、宋贞花（2004）分别在口语叙事语篇和对话语篇中，将定语小句的功能区分为"命名、引入"和"追踪"。其中追踪和Bernardo（1979）所说的识别定语小句在功能表现上相对应；命名定语小句和特指定语小句基本一致。而引入定语小句中无论是小句还是名词都属于新信息，且中心语是定指的，并不在Bernardo（1979）提出的框架中。因此，综合已有研究，定语小句的功能基本可以归纳为四类：增加信

---

① 相关研究中使用的术语均为"关系小句/关系从句"（relative clause）。但为保持文章术语一致性，本节使用定语小句。

息、追踪（识别）、命名（特指）和引入。其基本判断标准是：增加信息类中定语小句内容为新，名词中心语是语篇中已出现的实体（对于听者来说是已知的）。例如：

(30) a. 成熟的日色照在他ᵢ铜像一样的前额上。那时我并不知道谁来赴晚宴。不知道<u>这个有名望、权力的三十岁男人</u>ᵢ正将他的影响渗进我们的日子。

b. 街上，三个人……撞过去便一齐回头盯着对方，只等对方ᵢ稍一抱怨便预备围上去朝脸打，可<u>那些腰身已粗的中年人</u>ᵢ无一例外毫无反应。

追踪类型中定语小句内容和名词中心语都是已知信息。例如：

(31) a. 她看到<u>儿子</u>ᵢ躺在阳光下，……血迹在阳光下显得不太真实，于是<u>那个躺着的儿子</u>ᵢ也仿佛是假的。

b. 事实上她是在影剧院前看到<u>彩蝶</u>ᵢ，……沙子肯定<u>他祖母在影剧院前看到的那个年轻女子</u>ᵢ就是彩蝶，并不是武断的猜想。

命名类定语小句中中心语为不定指实体，定语小句为已知信息，用来对实体进行定义。例如：

(32) <u>一个不愿意包容你的人</u>，你会愿意和他长久地相处吗？

例（32）中，中心语采用了不定指的句法形式，定语小句用于对这个名词的所指进行定义，因此属于命名类定语小句。

引入类中定语小句内容为新，虽然中心语是定指的，但中心语所指实体也是首现于语篇中的新信息。例如：

（33）a. 我听见凯瑟琳在问顾妈，父亲收藏的那个白玉度母哪里去了。十多年前我父亲刚回中国时，看什么什么是宝。

b. 于观扫了眼主席台上衮衮诸公，……只好跳河一闭眼，把麦克风传给离他最近的那个人。

引入类的定语小句结构比较特殊。作为新出现的定指性实体，说话人需要通过一系列手段帮助听话人尽快识别和接收这个新出现的所指。因此 Fox & Thompson（1990）提出了"接引"（grounding）的概念，用来描述新出现的所指与已知信息连接起来的方式。对于定语小句结构来说，接引的方式共有三种：

锚定（anchoring）：定语小句中包含已知成分，中心语通过定语小句中的已知成分完成锚定，与听话者的已知信息连接起来（Prince 1981）。例如例（33）采用的就是锚定的接引方式，通过小句中出现的"父亲"和"他"作为已知信息来连接听话者和新实体"白玉度母""那个人"的关系。

主句接引（main-clause grounding）：定语小句不能提供任何已知信息对中心语进行接引，但在主句中存在其他的已知名词成分可以与定语小句中心语产生联系。这种情况中，作为接引的已知名词通常是主语，定语小句结构通常是主句宾语。例如：

（34）a. 他们回来时已是傍晚了。那时候那两个孩子已经放进两只骨灰盒里了。他记得他很远就看到那个高耸入云的烟囱。

b. 她静静地躺在地板上，时间从她身边流过，又在她身边停滞，院里那棵极高极老的槐树，将树叶淡淡的影子投在窗户边上，她几乎看得见那只长鸣的蝉的影子，看得见它的翅膀在一张一合。

例（34）中语篇首现实体"烟囱"和"蝉"不像例（33）是通过定语小句内部的已知信息来接引的，而是通过主句内容，尤其是主句主语的活动来进行接引的。

框架接引（proposition-linking）表示一个所指被早先话语中设定的一个框架链接到整个语篇中，而不是通过定语小句或主句中的已知信息与语篇产生联系。也即新引入的信息需由前续语句设立一个背景，主句或定语小句都无法帮助听者理解新信息。例如：

（35）所以那笑声像一口口从嘴中抖出来似的，每抖一口他都微微吸进一点氧气。那打嗝的声音有点像在操场里发生的哨子声，节奏鲜明嘹亮。

例（35）中"哨子声"与打嗝的声音原本无法建立明确的关系。但由于上文中对声音做了详细的描写，这种声音类似于"哨子声"，因此在这种框架下，"哨子声"被引入语篇。

除此之外，江轶（2009：83—84）还提出了一种针对带有指示词的定语小句结构的接引方式，称为"附加接引"。附加接引不通过定语小句、主句或上下文构建的框架情景，而是直接在场景中指认一个新事物。这种情况即指示词的情景（Himmelmann 1996, Tao 1999, 方梅 2002、2016）。例如：

（36）在那个群山环抱的集镇里，那场病和那场雨同时进行了三天，然后木桥被冲走了。

接引方式与关系小句在语篇中的功能差异具有重要联系。针对"引入"这一类型，根据其接引方式的不同，可以细分为"锚定、主句、框架和附加"四类。

1.6 小结

通过对前人研究的梳理，我们发现汉语定语小句现象还有很多方面有待发掘。在定语小句界定上，谓词处于定语位置时其句法性质是否有所变化，黏合式谓词定语和组合式谓词定语是否具有句法上或功能上的差异，以及组合式"谓词＋的＋定语"和"谓词短语＋的＋定语"是否相同，都关系到汉语定语和定语小句的判定。但目前学界对这些问题的关注仍然不多，在关键问题上也存在着一些争议。

在定语小句的句法特征上，汉语存在两类句法形式上有明显差异的定语小句：有空位定语小句和无空位定语小句，这两类小句是否对应于朱德熙（1983）所讨论的转指和自指"的"字结构？与类型学中所说的"关系小句"和"名词补足语"小句之间是否有联系？以及这两类小句的句法、语义限制、语用功能和生成机制是否相同？这些问题都仍待进一步探究。

在定语小句的语义特点方面，前人对定语小句"限制－非限制（描写）"的分析很多，并通常与其他类型的定语统一起来讨论。但汉语定语小句的"限制－非限制"在句法、语义、语篇分布上是否有明显对立？它们传达信息的功能是否存在差异？且前人研究提到，汉语的定语小句绝大部分（或者全部）都是"限制性"的，那么其他语言中"非限制定语小句"所传达的信息在汉语中会采用什么样的手段？这能够说明汉语怎样的语言性质和地位？这些都是我们今后需要关注的部分。

第二章　汉语定语小句的类型及其句法表现

2.1　引言

英语研究文献中，常常可以依据定语小句中是否存在空位（gap）而将定语小句区分为两类：一类是关系小句（relative clause，RC），如例（1）a；一类是名词补足语小句（noun-complement clause，NCC）如例（1）b。

(1) a. the girl who I met yesterday
　　b. the fact that I met a girl yesterday

Comrie & Horie（1995）、Sag（1997）、Dixon（2010）等都对英语中的关系小句和名词补足语小句进行了区分。对于英语来说，定语小句的类型有显性的句法表征。除了小句中是否存在空位外，标句词（complementizer）和关系代词（relative pronoun）的选择也是重要的区分手段。英语中的关系小句允许关系代词 that 和 which 进行引导，且关系代词可以省略。但名词补足语小句则只能使用标句词 that 进行引导，不能使用 which，且 that 不能省略（Radford 1988，Comrie & Horie 1995）。但是，由于汉语中所有的定语小句均以"小句＋的"的形式实现，因此在汉语中无法根据表层形式来区分两类定语小句。例如：

（2）a. 学生买的书
　　　b. 学生买书的事情
　　　c. 学生买书的那家书店

　　例（2）中只有 a 例是有空位的定语小句，b、c 两例中定语小句的必要论元都已实现。但这三个定语小句的实现方式都是通过"的"和中心语相连。因此，很多研究将汉语中从属于名词的小句性成分（包括没有空位的定语小句）全部称为"关系小句"（RC）①（Huang et al. 2000，Cheng & Sybesma 2005，陈宗利 2007）。但是，在类型学的术语中，"关系小句"仅指定语小句的核心谓词与中心语名词有论元关系的结构，即汉语中的有空位定语小句，而不能指没有空位的定语小句（Dixon 2010）。本书认为"关系小句"一定是通过"关系化"的操作手段推导出来的。无空位定语小句中并没有句中动词论元关系化的移位过程。因此，本章中我们遵循 Dixon（2010）给出的标准，不使用"关系小句"指称无空位的定语小句，而是将汉语中所有以"的"连接的、从属于名词中心语的小句性成分暂时统称为"定语小句"。

　　汉语定语小句内部分类存在的困难，不仅表现为缺少明确分工的标句词和关系代词，而且不同学者对小句中是否存在论元空位的判断也不尽一致。如上文例（2）c 可以还原为话题句："那家书店学生们买书"；但话题"那家书店"的说明部分"学生们买书"本身也是一个自足的小句，其中并没有核心论元的空位。再如例（3）：

（3）a. 前腿短的兔子
　　　b. 妈妈炒菜的声音

　　例（3）a 中的定语小句也是一个论元自足的小句，中心语和小句

---

① "无空位小句"一般被称为"无空位关系小句"（gapless relatives）。

的关系由一价名词"前腿"来系联。例（3）b的中心语"声音"无法和定语小句中的任何一个成分取得论元关系，因此可视为"无空位小句"。但是，有学者认为这样的小句中还可以补出一个"轻动词"来为中心语名词提供一个空位（Kim 1999）。比如，（3）b中可以补出轻动词"发出"来为"声音"提供一个句法空位。

汉语定语小句与其中心语之间关系复杂，定语小句的类型难以判定。因此，有学者提出汉语中根本不需要区分关系小句和名词补足语小句，汉语中所有的定语小句都是"修饰性"的，定语小句内部在句法上的共性大于个性（Comrie 1996，沈家煊 1999，沈家煊、完权 2009，Lapolla 2013 等）。但是，也有学者对这种观点提出过质疑（Zhang 2008，Huang 2016）。本章主要对上述问题进行讨论。首先从名词和其定语小句的内在关系出发，将定语小句区分为有空位和无空位两种类型；并通过句法表现和句法功能证明：这两种定语小句可以清晰地区分为"关系小句"和"名词补足语小句"两类。

2.2 定语小句的类型

汉语学界对定语小句分类的研究由来已久。朱德熙（1983）通过句法功能上能否指代中心语而区分了两类"VP+的"结构：自指和转指，并指出，自指区别于转指在于"其中的'VP的'不属于跟VP里的动词相关的任何一个格"。这实际上也是基于定语小句是否存在空位而对小句类型进行的划分。黄国营（1982）通过关系化的语义角色对定语小句和中心语的关系进行了细致的分类。而关于关系小句生成机制的研究也都是从小句"空位"的角度来分析其移位方式的（Ning 1993，Huang et al. 2000，Zhang 2008 等）。可见，从定语小句内部结构出发，依据中心语和小句中谓词性成分的论元关系对定语小句进行分析，是学界比较普遍的做法。本部分在这些研究的基础上，先采用这种"谓词中心"的观察角度对汉语定语小句进行分类。

2.2.1 论元空位定语小句

论元空位定语小句（argument-gap adnominal clause）指定语小句中动词的主要论元——主语和宾语——出现空位的情况。小句中缺省的论元实现为整个名词结构的中心语。例如：

（4） a. 他喜欢（这种）音乐。→ 他喜欢的音乐[①]
  b. 我不知道这件事情。→ 我不知道的事情
  c. （这个）小孩喜欢看电视。→ 喜欢看电视的小孩

这类定语小句是最典型的关系小句结构。在汉语中，主语和宾语可以直接从小句中抽取出来实现关系化，因此几乎所有名词都可以受到论元空位小句的修饰。

2.2.2 附加语空位定语小句

Keenan & Comrie（1977）针对一个句子中不同类型的名词论元关系化的难易程度，提出了著名的"名词短语可及性等级序列"（noun phrase accessibility hierarchy）。序列显示：小句中从主语、直接宾语、间接宾语、旁格、属格到比较宾语，其关系化的可能性逐级递减。并

[①] 在定语小句到基础句的变换中，中心语名词还原回小句的特定句法位置时一般会加入指量成分进行定指。这是由于定语小句结构中，定语起到了区别性的功能，使中心语更易被理解为有定。而在基础句中，光杆名词充当句法成分时更易被理解为不定指，从而导致句子自然度不高，如"*我不知道事情"；或理解为类指，如"他喜欢音乐、小孩喜欢看电视"。因此，在本章和后续章节中，基础句、话题句和定语小句结构之间的变换中，在基础句和话题句中，通常会对定语小句结构中出现的中心语名词进行定指操作，加入指量成分。

认为汉语的主语和直接宾语可以实现无标记关系化，而从间接宾语到比较宾语之间的论元则需要进行"带格标记（+case）"的关系化，即使用代词回指的策略。不过，我们发现，虽然旁格的可及性等级较低，但是汉语小句中的"工具、材料、时间、处所"等非必有论元都无需句内回指，可以直接实现关系化。我们称之为附加语空位定语小句（adjunct-gap adnominal clause）。例如：

(5) a. 老刘堆化肥的屋子（处所）
　　 b. 我们一起踢足球的时候（时间）
　　 c. 妈妈切菜的刀（工具）
　　 d. 我家做家具的木料（材料）

这类小句在结构上有别于典型的论元空位定语小句。论元空位定语小句的中心语可以直接还原到小句的主宾语空位里，但此类小句的中心语则需要使用话题化手段或借助介词组成介宾短语后，才能还原回小句。对比论元空位小句例（6）和附加语论元空位小句例（7）：

(6) 他吃的饭 → 他吃饭。
(7) 老刘堆化肥的屋子 →（这间）屋子老刘堆化肥。
　　　　　　　　　　　→ 老刘用（这间）屋子堆化肥。

除了以上四类论元，其他旁格论元在进行关系化时都需要在定语小句中通过代词来进行回指（吕叔湘 1982：75—76，Ning 1993）。例如：

(8) a. 我和她跳舞的那个女孩 → *我跳舞的那个女孩
　　 b. 我对他微笑的那个人 → *我微笑的那个人
　　 c. 我给他书的那个人 → *我给书的那个人

d. 他从那儿来的那个小镇 → *他来的那个小镇

e. 我比他高的那个男生 → *我高的那个男生

可见，对于作为小句附加语的旁格论元来说，语义角色是论元能否实现无标记关系化的主要限制条件。

2.2.3 伪无空位定语小句

根据袁毓林（1994）的研究，当"VP+的"中出现一价名词充当 VP 的论元时，"VP 的"的歧义指数 +1。由于一价名词本身可以关联另一个名词论元，因而，当一价名词出现在定语小句中、其配价成分出现在中心语位置时，就会形成一个看似句法上无空位的定语小句结构。我们称之为伪无空位定语小句（pseudo-gapless adnominal clause）。例如：

属性类：

（9）a. 面积等于 45 平方厘米的三角形

b. 颜色不好看的衣服

c. 速度不快的汽车

部分 - 整体类：

（10）a. 三个边相等的三角形

b. 叶子很大的树

c. 扉页被撕掉的图书

亲属关系类：

（11）a. 妈妈学历高的女孩［更容易获得高学历。］

b. 父母在外打工的小孩［就只能和爷爷奶奶一起生活。］

c. 爸爸妈妈工作都很忙的小学生［可以来小饭桌吃饭。］

表面上看，例（9）—（11）中的定语小句不存在空位。但由于小句中的一价名词在语义上可以激活一个名词论元，因此小句中实际是存在一个空位的。中心语可以视为一价名词论元的关系化，也可以视为 Keenan & Comrie（1977）所说的领属格关系化。这些中心语在进行定指后，都可以还原为小句主语的领有者。例如：

（12）a. 这个三角形的面积等于45平方厘米。（属性类）
　　　b. 这个三角形的三条边相等。（整体－部分类）
　　　c. 这些小孩的父母都在外面打工。（亲属关系类）

而除了袁毓林（1994）提到的典型一价名词外，沈家煊（1999）还指出，一价名词的概念并不足以覆盖所有具有类似句法表现的例子。例如：

（13）a. 两个人合住一间的客房
　　　b. 九十块钱一桌的酒席
　　　c. 百年难遇一次的地震[①]

沈家煊（1999）提出，通过认知框架的激活机制，伪无空位定语小句的中心语往往能够与小句中的名词论元共同激活一系列"子框架"。如例（13）中，通过"数量分配"子框架和"事物－数量"子框架可以激活"一间"与"客房"、"一桌"与"酒席"以及"一次"与"地震"之间的关系。我们认为，数量成分与名词之间存在着类似于"部分－整体"的总分关系，属于 Winston & Chaffin（1987）的个体－集体关系。因此"数量短语"可以视为"一价名词"的一种。与这一现象相似的是，一些由非典型一价名词构成的伪无空位定语小句

[①] 引自沈家煊（1999）例（13）。

也同样合法。例如：

（14）a. 这是梅西近五年来状态最差的比赛。
　　　b. 即使这套新房装修异常华美，老太太还是钟爱自己那间花草繁茂、绿竹猗猗的旧屋。
　　　c. 这可以说是我们后勤保障做得最好的一届运动会。
　　　d. 所以小时候就是想做一个好演员，做灯光开得最亮的演员，做一个唱大轴的领衔主演，有前途的演员。
（张伯江 2014）

对于例（14）a—d 来说，小句的名词论元和中心语之间都不是典型的一价名词与关涉对象的关系。例如"状态"本来是一价名词，但其关涉对象应该是状态的主体，在本句中是作为小句话题的"梅西"，而不是定语小句的中心语"比赛"。而例（14）b 中的"花草、绿竹"与"旧屋"、例（14）c 的"后勤保障"与"运动会"、例（14）d 中的"灯光"与"演员"之间也没有必然的"属性－主体"或"部分－整体"的联系。但是，这四对名词都可以通过特定的情景进行激活。定语小句的主语和中心语之间还可以构成"NP$_1$+ 的 +NP$_2$"结构。例如：

（15）a. 比赛的状态［很差。］
　　　b. 旧屋（周围）的花草和绿竹［十分茂盛。］
　　　c. 运动会的后勤保障［做得很好。］
　　　d.（这位）演员的灯光［开得最亮。］

例（15）a—d 中 NP$_1$ 和 NP$_2$ 的表现，实质上与一价名词激活其配价成分的情况相同：两个名词可以共享一个认知框架并共同构建一个认知情景。这两个名词可以通过语义进行互动，形成相当于一价名词和其论元的紧密联系。但并非所有被领有者都可以与领有者构成伪无空位定语小句，这一结构的限制条件我们将在第四章中详细分析。虽然典型的伪无空位小句以一价名词及其论元所构建的小句为代表，但是其他共享同一认知框架的名词对，如"状态－比赛"、"植物（花草、绿竹）－旧屋（周围）"、"后勤保障－运动会"、"灯光－演员"同样可以实现为"伪无空位定语小句＋中心语名词"结构。

2.2.4　无空位定语小句

无空位定语小句（gapless adnominal clause）的特点是：小句本身是自足的，动词的必有论元都已在小句内部实现；中心语名词一般不能通过添加介词的手段补回小句中，也不能通过话题化的手段还原进小句。根据小句论元或中心语名词的类型不同，这类小句又可以分为"内容义定语小句"和"事件义定语小句"两种。

2.2.4.1　内容义定语小句

古川裕（1989）指出，表自指的"的"字结构中，充当定语的VP整体指向中心语所包含的具体内容。这种特殊的结构有赖于中心语名词的特定语义特征，即"CONTENT（内容·包含）"。魏雪、袁毓林（2013）将这类名词称之为"内容义名词"。由内容义名词做中心语构成的无空位小句，就是文献中常提及的"同位语小句"(appositive clause）或"事实小句"(fact-clause）。其特点是中心语名词不能通过任何句法手段还原进小句。例如：

（16）a. 那位女明星即将加盟这一剧组的消息
　　　b. 该公司虚构巨额利润的事实
　　　c. 运动员佩戴面罩参赛的主意
　　　d. 柳毅传书搭救龙女的故事

以上这类定语小句要求其中心语必须是内容义名词，中心语可以直接通过判断词"是"连接定语小句而变换为判断句："主语（中心语名词）＋是＋宾语（定语小句）"格式。例如：

（17）a.（最新）消息是那位女明星即将加盟这一剧组。
　　　b.事实是该公司虚构巨额利润。
　　　c.（我的）主意是运动员佩戴面罩参赛。
　　　d.（这个）故事是柳毅传书搭救龙女。

2.2.4.2　事件义定语小句

在事件义定语小句中，小句本身指向一个完整的事件。中心语不能直接还原到事件小句中，但中心语和小句表达的事件具有一定的语义关系。这种语义关系可以是高层次的"原因、结果、目的、条件"等语义关系。例如：

（18）a.狗熊在这一带活动的痕迹
　　　b.小李不跟我合作的代价
　　　c.妈妈炒菜的声音
　　　d.小刘救人的回报
　　　e.小刘生气的原因

袁毓林（1995）、Kim（1999）都曾采取在小句中添加隐含谓词或轻动词的手段，来揭示中心语和小句之间的语义关系。例如：

（18'）a.狗熊在这一带活动［造成］的痕迹
　　　 b.小李不跟我合作［付出］的代价
　　　 c.妈妈炒菜［发出］的声音
　　　 d.小刘救人［得到］的回报
　　　 e.［导致］小刘生气的原因

但是，这种补出隐含谓词的做法只是用来说明中心语和定语小句语义关系的技术手段。就表层句法结构而言，尤其是针对小句中核心谓词所能提供的论元空位而言，这类定语小句是没有空位的。

2.3 五类定中结构在句法表现上的差别

上文区分了五类定中结构，其中"论元空位定语小句""附加语空位定语小句"和"伪无空位定语小句"都能在定语小句中找到空位，并通过一定的句法手段将中心语名词还原进小句中。其区别仅在于前两类小句的空位是由核心谓语动词提供的，而后一类中的空位是由名词提供的。"无空位定语小句"内部可分为"内容义定语小句"和"事件义定语小句"。但是，这五类定语小句的区分仅仅是从小句的内部句法结构上界定的，划分的主要依据是定语小句成分（尤其是小句中的谓词）和中心语名词的论元关系。要判断这五类定中结构是不是具有同样的句法功能，还需要从变换和组合的角度进行测试。

Matsumoto（1988、1990、1997）对日语定语小句的研究，曾引起学者关于东亚语言定语小句是否需要区分不同类型的讨论。Matsumoto认为日语中大量无空位（gapless）的定语小句无法通过句法手段与名词中心语取得联系，中心语和定语小句只能依靠语义和语用整合在一起，并认为这种解释同样适用于有空位的定语小句。她进而认为日语中所有定语小句都是修饰性和附加性的（adjunct）。所谓的"有空位定语小句"和"无空位定语小句"没有任何句法功能上的区别。之后，针对韩语、高棉语中定语小句的研究也得出了类似的结论（Cha 1998、2005，Comrie & Horie 1995）。Comrie（1996）、Lapolla（2013）认为东亚诸语言中的定语小句完全不同于印欧语，这些小句只是修饰性的成分，而不涉及空位和移动。但 Huang et al.（2000）、Zhang（2008）、

Huang（2016）对上述观点提出了质疑，认为汉语定语小句内部存在不同类型，并可以通过一系列句法诊断特征来进行区分。

我们认为：小句内有无空位并不是划分定语小句的单一标准，表层结构不同的小句是否具有相同的句法功能应该是定语小句分类更有力的凭据。如果这五类定语小句的句法功能和变换方式一致，那么汉语中的定语小句和日语、韩语中的相同：其内部结构存在空位与否并不影响整个小句的外部功能。如果这五类定中结构在句法功能和变换方式中表现出明显的差别，那么我们就需要承认汉语的定语小句内部确实存在类型差别。因此，本节将通过几种句法手段来对以上五类定中结构的异同进行测试。

2.3.1 话题化测试

话题化测试是指把一个"定语小句+的+中心语名词"结构还原为一个话题结构："话题（中心语名词）+说明（定语小句）"。话题化是一种重要的句法测试手段，可以判断某一成分和谓语的关系。论元空位小句允许其中心语通过话题化还原进小句。本节主要测试附加语空位定语小句、伪无空位定语小句和无空位定语小句的话题化情况。

2.3.1.1 附加语空位定语小句

一般的附加空位小句都可以通过话题化的测试。例如：

（19）a. 我切菜的刀 → 这把刀我切菜。
　　　b. 我家做家具的木料 → 这些木料我家做家具。[①]

[①] 定语小句的中心语话题化时，需要加指示代词进行定指，表明话题所指事物的有定性。

2.3.1.2 伪无空位定语小句

一价名词做小句论元的无空位小句中,允许将中心语名词话题化。例如:

(20) a. 叶子很大的树 → 这棵树叶子很大。
b. 面积等于45平方厘米的三角形 → 这个三角形面积等于45平方厘米。
c. 父母在外地打工的小孩儿 → 这个小孩儿父母在外地打工。

通过共享认知框架的类一价名词激活的无空位小句中,中心语名词同样允许话题化。例如:

(21) a. 状态最差的比赛 → 这次比赛状态最差。
b. (周围)花草繁茂、绿竹猗猗的旧屋 → 那间旧屋(周围)花草繁茂、绿竹猗猗。
c. 后勤保障做得最好的运动会 → 这届运动会后勤保障做得最好。
d. 灯光开得最亮的演员 → 那位演员灯光开得最亮。

2.3.1.3 无空位定语小句

内容义定语小句不能通过话题化测试。例如:

(22) a. 那位女演员即将加盟这一剧组的消息 → *这个消息那位女演员即将加盟这一剧组。
b. 柳毅传书搭救龙女的故事 → *这个故事柳毅传书搭救龙女。

事件义定语小句也不能通过话题化测试。例如:

(23) a. 狗熊在这一带活动的痕迹 → *这个痕迹狗熊在这一带活动。

b. 妈妈正在炒菜的声音 → *这个声音妈妈正在炒菜。

2.3.2 同类叠加

叠加（stacking）的句法手段可以对定语小句的修饰功能进行测试（Cha 1998、2005，Zhang 2008，Huang 2016）。在本书中，同类叠加是指两个或两个以上的同一类定语小句修饰同一个中心语，是一种递归性的附加手段。通过语料调查可以发现，在不违背语义的情况下，五种类型的定语小句均能通过自身的叠加来修饰中心语。例如：

论元空位小句：

(24) 爸爸爱吃（的）、我不爱吃的菜

附加语空位小句：

(25) a. 他拉马车（的）、我晾衣服的绳子

b. 我不想起床（的）、却不得不早起的时候

伪无空位小句：

(26) a. 味道鲜美、色泽可人的菜肴

b. 父母在外工作、其他亲戚也都不在本地的孩子

c. 灯光开得最亮、珠宝戴得最多的演员

无空位小句：

A. 内容义定语小句：

(27) a. 宝玉喜欢黛玉、王夫人喜欢宝钗的事实

b. 运动员佩戴面罩参赛、教练员佩戴面罩进行指导的主意

B. 事件义定语小句:

(28) a. 我不想去北京、他想去北京的原因
b. 刘同学作弊、李同学帮他作弊的下场
c. 妈妈炒菜、爸爸看电视的声音

虽然同样是使用叠加的句法手段对中心语进行多重限定,例(24)和例(28)在语义上却并不相同。例(24)中,"爸爸爱吃、我不爱吃的菜"指向的是同一道菜,可是例(28)c则指向两个事件所发出的不同的声音:"妈妈炒菜"和"爸爸看电视"。这一点还可以通过加入并列连词"和"来进行验证。例如:

(24') a. 爸爸爱吃(的)、我不爱吃的(这道)菜
b. 爸爸爱吃(的)和我不爱吃的菜
c. *爸爸爱吃(的)和我不爱吃的这道菜

在例(24')中,没有加入并列连词"和"的(24')a表示"爸爸爱吃"和"我不爱吃"共同修饰"这道菜"。两个定语小句可以同时对一个中心语名词进行限定。当在两个定语小句间加入并列连词"和"时,比如(24')b,虽然句子依然成立,但是如例(24')c所示,"爸爸爱吃"和"我不爱吃"却不能同时修饰同一个实体"这道菜"。(24')b只能理解为"爸爸爱吃的菜和我不爱吃的菜"。这是由于汉语中的并列连词"和"只能连接体词性成分,而定语小句一旦使用"和"进行连接,前项小句"爸爸爱吃的"就会被理解为"的"字结构转指中心语名词,形成(24')a和(24')c的差别。但是,加入并列连

词后，无空位定语小句例（28）c 却有不同的表现：

(28') a. 妈妈炒菜、爸爸看电视的声音（都很烦）。
b. 妈妈炒菜和爸爸看电视的声音（都很烦）。

在例（28'）中，无论是否加入并列连词"和"，a、b 两例都指向了两个"声音"。由此可以看出，例（24）中的两个论元空位定语小句可以叠加修饰同一个中心语"（那道）菜"，可是例（28）c 的两个无空位定语小句实际上却修饰了两个中心语（即两种声音）。据此可以推论出：如例（24）的论元空位小句是允许多个定语叠加修饰中心语的；而如例（28）c 的无空位定语小句则不允许多个同类定语的叠加使用。当多个定语叠加出现时，实际表示的是多个中心语名词并列出现。[①] 根据这一点，可将定语小句分为两类：

A. 论元空位小句、附加语空位小句、伪无空位小句：

(29) a. 爸爸爱吃（的）、我不爱吃的（这道）菜 ≠ 爸爸爱吃（的）和我不爱吃的菜
b. 他拉马车（的）、我晾衣服的（那根）绳子 ≠ 他拉马车（的）和我晾衣服的绳子
c. 我不想起床（的）、却不得不起早的（那个）时候 ≠ 我不想起床（的）和不得不早起的时候
d. 味道鲜美、色泽可人的（那道）菜肴 ≠ 味道鲜美和色泽可人的菜肴

[①] "妈妈炒菜的声音"属于朱德熙（1983）所提出的自指"的"字结构。"* 妈妈炒菜的"一般不能单用来转指"声音"。本书同意这一判断（详见 2.3.3 节）。袁毓林（1995）发现，"自指"结构虽然不能像"转指"那样在句子中自由地指代中心语名词，但在一定的语境中，尤其是中心语名词已非常明确地出现在上下文里时，自指"的"字结构的中心语也可以省略。我们认为"妈妈炒菜的（声音）、爸爸看电视的声音"就属于袁毓林（1995）所提到的这种情况。

B. 两类无空位小句：

（30）a. 宝玉喜欢黛玉、王夫人喜欢宝钗的事实 = 宝玉喜欢黛玉和王夫人喜欢宝钗的事实

b. 我不想去北京、他想去北京的原因 = 我不想去北京和他想去北京的原因

c. 妈妈炒菜、爸爸看电视的声音 = 妈妈炒菜和爸爸看电视的声音

2.3.3 异类叠加与定语顺序

本书将不同类型的定语小句同时修饰一个名词中心语的句法现象，称为"异类定语小句的叠加"。[①] 异类叠加的实现具有不同的层次顺序。论元空位小句和附加语空位小句之间进行叠加时，二者的顺序允许互换，比较灵活。例如：

（31）a. 妹妹拿着玩儿的 [论元空位小句]、妈妈晾衣服的 [附加语空位小句] 那条绳子

b. 妈妈晾衣服的 [附加语空位小句]、妹妹拿着玩儿的 [论元空位小句] 那条绳子

伪无空位定语小句在与论元空位小句套合修饰中心语时，其位置也比较自由，可出现在外围，也可紧邻中心语出现。例如：

（32）a. 没有人照管的 [论元空位小句]、亲戚都在外地的 [伪无空位小句] 小孩儿

b. 亲戚都在外地的 [伪无空位小句]、没有人照管的 [论元空位小句] 小孩儿

---

① 这一测试方法受到 Huang（2016）的启发。

第二章 汉语定语小句的类型及其句法表现　61

但无空位小句和论元空位小句进行叠加时，无空位小句必须紧贴名词出现，空位小句只能出现在离中心语较远的位置。例如：

（33）a. 吵得人心烦意乱的[论元空位小句]、妈妈炒菜的[无空位小句]声音 → *妈妈炒菜的[无空位小句]、吵得人心烦意乱的[论元空位小句]声音

b. 他已经完全忘了的[论元空位小句]、要去王府井[无空位小句]的事情 → *他要去王府井的[无空位小句]、已经完全忘了的[论元空位小句]事情

c. 花花错过的[论元空位小句]、加入学生会的[无空位小句]机会 → *加入学生会的[无空位小句]、花花错过的[论元空位小句]机会

d. 同学们早就料到的[论元空位小句]、他作弊的[无空位小句]下场。→ *他作弊的[无空位小句]、同学们早就料到的[论元空位小句]下场

从话题化的还原上，也可以体现出上述差别。"无空位小句＋名词"可以作为话题，而原来的论元空位小句可以实现为说明部分。但反之则不成立。例如：

（33'）a. 妈妈炒菜的声音吵得人心烦意乱。→ *吵得人心烦意乱的声音妈妈炒菜。

b. 要去王府井的事情他已经完全忘了。→ *已经完全忘了的事情他要去王府井。

c. 加入学生会的机会花花错过了。→ *花花错过的机会加入学生会。

d. 他作弊的下场同学们早就料到了。→ *同学们早就料到的下场他作弊。

"事件义"和"内容义"两类无空位定语小句通常不共现。比如"声音"与"机会"相似，只能触发事件义的定语小句，中心语是整个事件的附属成分；而"事情、故事"则只能触发内容义的定语小句，小句内容与中心语名词内容是共指的。还有一些名词既能够触发事件义定语小句，也能够触发内容义定语小句，比如"原因、条件、下场"，例如：

（34）a. 下雨的原因（事件义）
　　　b. 运动会推迟的原因（内容义）
（35）a. 成绩进入年级前十的条件（事件义）
　　　b. 转专业的条件（内容义）
（36）a. 赌博的下场（事件义）
　　　b. 家破人亡的下场（内容义）

例（34）中，"原因"的两类无空位小句无法共同修饰中心语名词，无论是"*下雨的、运动会推迟的原因"还是"*运动会推迟的、下雨的原因"均不合格。但例（35）、（36）可以构成"事件义小句+内容义小句"的叠加修饰结构。但值得注意的是，在这种结构中，内置的内容义小句修饰名词时，以不带"的"更加自然。例如：

（35'）成绩进入年级前十的转专业条件
（36'）家破人亡的赌博下场

这种情况下，不带"的"的修饰结构"转专业、赌博"以黏合式定语形式出现，根据前人的研究，这类结构在句法表现上更接近于复合词（石定栩 2011，刘丹青 2008，完权 2016，陆烁 2017，邓盾 2021）。因此整体来看，我们认为名词的事件义定语小句和内容义定语小句无法同时出现，并共同修饰中心语。

2.3.4 定语小句的指称功能

朱德熙（1983）指出，根据"VP+的"是否具有指称作用，可以将"的"字结构区分为"转指"和"自指"两类。其中转指的"的"字结构可以独立使用指称名词中心语，自指的"的"字结构则不行。通过测试定语小句在句中是否能够独立充当名词性成分，也可以对前文的几种定语小句进行分类。

首先，论元空位定语小句可以实现转指，并独立使用。例如：

（37）a. 我吃的（苹果）是红富士。
　　　b. 他不喜欢的（音乐）是那种重金属的。
　　　c. 不知道这件事的（人）多了，何止我一个。

一般的附加语空位定语小句也同样允许独立使用。例如：

（38）a. 这是老刘堆化肥的（屋子），你不要占了。
　　　b. 这是妈妈切菜的（刀），不能砍树用。
　　　c. 他把我家做家具的（木料）都偷走了。

例（38）中，表示"处所、工具、材料"的中心语都可以实现转指并独立使用，但中心语表"时间"的定中结构，则不允许这样变换。例如：

（39）a. *那是我们踢足球的（时候）。
　　　b. *她俩去吃火锅的（那个晚上），我在家里睡觉。

在伪无空位定语小句的类型中，由一价名词做小句论元的定语小句同样可以形成转指。例如：

（40）a. 请在下面这些图形中选出面积等于45平方厘米的（图形）。

b. 爸爸妈妈工作忙的（小朋友）中午可以参加小饭桌。

c. 靠背坏了的（椅子）就全部扔掉吧。

但无空位定语小句，则都不能实现转指。例如：

（41）*柳毅传书搭救龙女的（故事）最早见于《太平广记》。

（42）*妈妈炒菜的（声音）很吵。

（43）*考察队终于发现了狗熊在这一带活动的（痕迹）。

据此可以发现，时间格做中心语的附加语空位定语小句和无空位定语小句都不能独立使用，不能实现"指称化"。这些定语小句的表现都相当于朱德熙（1983）所提到的"自指"的"VP+的"结构的句法表现。

2.3.5 汉语两类定语小句的区分

通过上面的测试，可以将定语小句类型及其在有关测试项目上的结果列表如下：

表 2-1 五类定语小句的句法功能对比表

定语小句类型	测试方法			
	话题化	同类叠加	异类叠加	独立转指
论元空位定语小句	+	+	外	+
附加语空位定语小句	+	+	外	+[①]

---

① 关系化时间论元的定语小句不允许独立转指，但"处所、工具、材料"论元做中心语的定语小句都允许这种结构，据此我们认为，一般附加空位小句是允许转指并独立使用的。时间论元的表现与空位定语小句和无空位定语小句均不同，这可能与时间词的特殊语义内容有关。本书在分析中将时间论元构成的定语小句视为无空位小句讨论（详见第五章）。但其具体表现要复杂得多，还有待于今后做进一步的研究。

续表

定语小句类型		测试方法			
		话题化	同类叠加	异类叠加	独立转指
伪无空位小句		+	+	外	+
无空位小句	内容义定语小句	-	-	内	-
	事件义定语小句	-	-	内	-

通过四项诊断特征，可以看到定语小句的内部结构与其句法功能在一定程度上是相互对应的：有空位定语小句和无空位定语小句的句法功能明显分为两类：论元空位小句、附加语空位小句和伪无空位小句在句法功能和变换上都具有同样的特征；而无空位小句自成一类。这些句法表现都明确提示汉语中的定语小句内部并不是同质的。

而且这两类不同的定语小句和名词之间的关系也并不相同。通过两类小句叠加修饰名词时的表现可以看到：有空位定语小句总是出现在离名词较远的位置，无空位定语小句则通常紧贴名词出现；而在同类小句叠加修饰名词时，有空位定语小句允许多层叠加；而对于无空位定语小句来说，一个名词只能和一个小句取得语义和句法上的联系。并且，我们还可以看到，话题化-话题还原和关系化之间存在密切关系：一个成分如果可以通过话题化成为话题，那么这个成分也能够关系化为定语小句的中心语。

综上，可以认为本书涉及的有空位和无空位两类定语小句的区别比较严格地对应于类型学中划分出的"关系小句"和"名词补足语小句"，也对应于朱德熙（1983）所区分的"转指"和"自指"两类"的"字结构。

2.4 名词的论元与名词补足语小句

根据定语小句内部成分和中心语名词之间具有何种语义、句法关系可以将定语小句区分为有空位和无空位两种小句类型。并通过一系列的句法测试手段，验证了汉语中的确存在两类在句法表现和句法功能上均有明显差异的定语小句。有空位定语小句在结构上包含句法空位，属于关系化中的空位策略；同时结构中的中心语可以还原回句子中充当论元，且该类小句与话题化密切相关，这一系列表现与关系小句的定义及特点基本吻合，因此可以认为有空位定语小句是关系小句。但无空位定语小句是否为名词补足语小句，以及该类小句如何界定与识别，需要进行更加谨慎的讨论。

首先，名词补足语小句作为一个特殊的小句类型，在英语研究中一般指的都是事实类小句（fact-clause），即汉语研究中的同位语小句。同位语小句相当于 2.2.4.1 节中的内容义定语小句，中心语的内容与小句内容相等。因此内容义定语小句比较符合名词补足语小句的定义及其所指的语言现象。不过，随着类型学研究的加入，名词补足语小句概念有了新的解读（详见 1.2、1.3 节）。有学者认为名词补足语小句区别于关系小句的核心特征是没有小句论元移位的句法操作，因此日语、韩语中的定语小句由于没有明显的移位过程，都被认定为名词补足语小句。从是否存在移位的角度来看，事件义定语小句同样缺少明确的移位过程，也没有使用空位或代词填充的关系化策略。此外，通过上文的一系列功能测试，能够看到事件义定语小句与内容义定语小句表现比较一致，因此我们认为可以将事件义定语小句和内容义定语小句一同归并为名词补足语小句。

其次，通过与关系小句间的差异可以看到，名词补足语小句不同于一般的修饰性成分，它不允许自身叠加，且通常紧邻名词出现。这些句法特征都引导我们思索名词补足语小句的句法地位。通过2.2节的分析能够发现，这类小句具有特定的触发条件：它对中心语名词的语义特征有明显的选择限制。古川裕（1989）提出，内容义名词可以触发自指的"的"字结构，也即本书讨论的内容义无空位小句。内容义名词的语义结构可以表示为一个降级述谓结构（袁毓林1995），例如：

N<X>：N<a P b>
故事：信息＜它 描写 某人/某事＞

而可以触发事件义无空位小句的名词则通常是描述事件某一方面的名词，比如："过程、结果、原因"等；或"事件伴随特征"类名词，比如"声音、味道"等。这些名词的共同特点是它们都与某一事件密切相关，可以将一个事件包含进自身的降级述谓结构中。例如：

N<X>：N<a P b>
原因：事件＜它 导致 某事＞

但构成事件义无空位定语小句的名词与事件之间的具体关系，则随名词语义的不同而不同。比如："原因"与事件的关系是"导致"，"声音"与事件的关系是"发出"，等等。

这样来看，两类名词补足语小句都是名词降级述谓结构中谓词的一个论元角色。我们可以认为：带有事件论元的一价名词是名词补足语小句的触发条件，名词补足语小句的实际句法地位就是一价名词所关涉的事件论元的句法实现。关于这一问题，我们将在第五章中详细讨论。

由于事件义无空位定语小句和内容义无空位定语小句都是名词降

级述谓结构中的一个论元，因此可以认为，名词补足语小句与关系小句的区别在于前者是名词论元（事件性论元）的句法实现，而关系小句则与名词本身的结构性语义无关。这样，名词补足语小句和关系小句的句法地位得到了进一步的区分，关系小句属于修饰性的成分，而名词补足语小句则是结构性的成分。潘海华、陆烁（2013）将"NP的NP"结构描写为X-标杠理论中的DeP短语，并提出对于中心语名词来说，存在语用性修饰语，即NP中的附加语（adjunct）成分；同时还存在结构性修饰语，即NP的指示语（specifier）和NP的补足语（complement）。比如"张三（写）的书"中，"张三"作为"书"的施事，属于名词的指示语；而"（有关）张三的书"中，"张三"作为"书"的内容，属于名词的补足语。陆烁、潘海华（2019）将结构性的修饰语定名为"论元定语"，并对名词性定语的类型进行了更细致的区分，NP的指示语部分被定义为名词的施事，其典型性表现在名动词充当中心语的情况中，比如"学校的教育、妈妈的关心"；少数情况下，指示语指向名词的创作者（施事），如"照片"的拍摄者和"书"的作者。并且指示语位置的论元定语在句法位置上往往处于领有者之后，内容性定语（也即补足语位置的论元定语）之前。陆烁、潘海华（2019）给出了论元定语区分指示语和补足语的明确标准，对应到无空位定语小句中，可以发现：内容义定语小句与名词的内容论元无论在句法表现上还是语义内容上都非常相近，在X-标杠理论中，内容义定语小句应该是名词的补足语。但事件义定语小句和中心语名词间具有比较复杂的语义联系，且事件义定语小句和内容义小句以及领有者定语很难共现，如上文例（35'）、（36'）所示。这使得我们无从探查事件义定语小句与指示语位置的论元定语之间是否存在对应关系。因此，虽然我们已经观察到内容义无空位定语小句和事件义无空位定语小句之间存在着一些差异，但本书暂时不对二者做句法性质上的区分，并认定这两类无空位定语小句均为名词补足语小句[①]。

2.5 小结

本章讨论汉语定语小句中是否存在"关系小句"和"名词补足语小句"的区分。首先从定语小句是否存在空位以及空位的类型对定语小句进行分类，发现汉语中存在有空位和无空位两种定语小句。并根据定语小句中空位论元的语义角色将有空位小句区分为"论元空位定语小句""附加语空位定语小句"和"伪无空位定语小句"三类；根据名词中心语的类型，将无空位定语小句区分为"内容义定语小句"和"事件义定语小句"两类。之后，通过话题化、同类叠加、异类叠加和指称功能等一系列句法操作，对几类不同的定语小句进行测试。结果发现，有空位定语小句和无空位定语小句在句法功能上存在明显差异。因此可以认为，汉语中的两类定语小句可以分别对应于类型学中的"关系小句"和"名词补足语小句"。

[①] 还需说明，这里的"名词补足语小句"采用类型学上的概念，不表示我们认为两类无空位定语小句均为 X-标杠理论中的 NP 的补足语（complement）。感谢商务印书馆语言学基金匿名评审专家的提醒。

第三章 功用义与旁格关系结构的形成原因和解读倾向

——工具、材料、处所、伴随成分关系小句的限制条件

3.1 引言

通过第二章的讨论可知，汉语中存在关系小句和名词补足语小句两类定语小句。其中，关系小句内部根据空位的句法性质不同，可区分为必有论元空位、附加语空位和伪无空位小句三种。前人研究对于必有论元空位小句已有比较充分的讨论，但对于后两类关系小句关注较少。Keenan & Comrie（1977、1979）在"名词短语的可及性等级"（Noun phrase accessibility hierarchy）中提出"主语、直接宾语、间接宾语、旁格、属格、比较宾语"序列里，名词短语被关系化的可能性逐级递减，关系化所采用的策略趋于复杂。其中，主语、宾语可以通过"空位策略"（Comrie 1989：145—153）将名词性成分移位至中心语位置，生成无格标记的关系小句（Keenan & Comrie 1977）；间接宾语和旁格一般都是通过"代词复指策略"（Comrie 1989：145—153）生成有格标记的关系小句（Keenan & Comrie 1977）。例如：

(1) a. Ø_i 看书的人_i（主语关系化）
　　b. 老张看 Ø_i 的书_i（宾语关系化）

第三章　功用义与旁格关系结构的形成原因和解读倾向　71

(2) a. 老师借给他ᵢ书的那个学生ᵢ（间接宾语关系化）
　　b. 刚才我和她ᵢ说话的那个人ᵢ（对象－旁格关系化）

但旁格成分中由介词引导的工具论元、材料论元、处所论元和部分伴随论元，关系化时并不是必须采用代词复指策略，可以形成前文所见的附加语空位小句例如：

(3) a. 妈妈切菜的刀（工具关系化）
　　b. 工人盖房的砖头（材料关系化）
　　c. 老王养花的屋子（处所关系化）
　　d. 他跳舞的舞伴（伴随关系化）

这四类论元在句子中通常出现在旁格位置，使用介词引导。但当它们关系化后，关系小句中原本作为"格标记（范畴标记）"的介词也同时被删除。因此这四类关系小句的句法表现与其他旁格关系句不同，和主、宾语关系句同样属于无格标记的关系小句。但它们的关系化策略却并没有采用主、宾语关系化的空位策略。例(3)中的关系小句内部不存在句法空位，小句动词的必有论元均已实现，句法的表层结构为无空位关系句，中心语要还原进入小句中时，只能作为话题，或补出介词作为格标记。我们在第二章中称之为"附加语空位定语小句"。因此，工具、材料、处所这三类论元的关系化在"名词短语可及性等级"序列中呈现出了特异性：它们的关系化过程与结果和同为旁格成分的其他论元不同，同时也与主、宾语关系化存在差异。

此外，在基础句合法的前提下，主语和宾语通常可以自由地进行关系化操作，但工具、材料、处所论元要构成附加语空位关系句，其关系化过程则存在句法、语义上的诸多限制。例如：

（4）a. 小伙子用渔网钩住了恶龙。
　　　→？小伙子钩住恶龙的渔网（工具论元关系化）
　　　→用渔网钩住了恶龙的人（主语关系化）
　　　→小伙子用渔网钩住的恶龙（宾语关系化）
　　b. 老妈用瓜子皮养花。
　　　→？老妈养花的瓜子皮（材料关系化）
　　　→用瓜子皮养花的人（主语关系化）
　　　→老妈用瓜子皮养的花（宾语关系化）
　　c. 同学们正在花园里读书。
　　　→？同学们正在读书的花园（处所关系化）
　　　→在花园里读书的人（主语关系化）
　　　→同学们在花园里读的书（宾语关系化）
　　d. 他和女孩儿一起跳舞。
　　　→*他跳舞的女孩儿（伴随关系化）
　　　→和女孩儿一起跳舞的人（主语关系化）
　　　→他和女孩儿一起跳的（那支）舞（宾语关系化）

不过，当关系小句中带有提示具体事件的时间词或中心语受指量结构修饰时，原本受限的关系结构会变得更加自然。例如：

（4'）a. 小伙子刚才钩住恶龙的那张渔网
　　　b. 老妈养花的那些瓜子皮
　　　c. 孩子们刚刚在跳皮筋的那个花园
　　　d. 他刚才一起跳舞的那个女孩儿

当关系小句描述特定事件用于激活听话人对中心语的注意时，关系结构受语用条件影响，合格度可以得到提升。沈家煊、王冬梅（2000），沈家煊、完权（2009），完权（2010），张伯江（2014、2018），王倩倩、张伯江（2020）均提到汉语关系结构在语用上具有"参照体－目标"功能，作为参照体的关系小句所述事件越具体、特定，指别度越高，越容易完成识别功能。在这种语用功能的驱动下，几乎任何可以用来识别中心语名词的成分都可以形成修饰结构。唐正大（2008）也发现，语用成分对于关系小句中特殊句法结构的允准具有"护生"作用。可见语境条件和语用功能会对句法结构的合格性产生影响，在语用因素影响下，原本不自然的结构也会变得更加自然。有关语用因素对关系小句合格性的影响，我们将在4.5.2节详细论述。但例（4）中的语言事实也显示：在中性条件下，旁格关系化各例在合法性上均低于同组主、宾关系化的例句，同时也不及例（3）中的旁格关系句自然。旁格关系结构的这种句法、语义限制是本章讨论的重点，在接下来的讨论中，我们将尽力排除语用因素，尤其是可指别度因素的影响。

可见工具、材料、处所、伴随成分在关系化策略、小句的句法结构以及句法、语义限制上均呈现出了特殊性。针对这四类旁格成分关系化的表现，本章主要回答三个问题：一、这四类关系句在句法、语义方面存在哪些具体限制？二、附加语空位旁格关系句是如何产生和解读的？即在关系小句中没有空位和格标记（介词/范畴标记）的情况下，中心语怎样与小句建立"旁格论元－事件"的语义联系？三、为什么在诸多旁格论元中，只有工具、材料和处所、伴随四类论元可以形成附加语空位关系小句？

在展开详细分析之前，我们先对"关系化"这个重要概念做进一步的说明。关系化讨论的是句子中的句法成分移位至句外，充当中心语，被整个小句修饰的生成机制（Keenan & Comrie 1977, Comrie 1989：138—163, Dixon 2010：313—361）。因此，关系化所针对的操作对象是句法成分,而不是语义角色。"名词短语可及性等级"刻画的是不同句法位置的名词短语在关系化过程中处理的复杂度。Hawkins(1994:37—42、2004:177—190)提出处在某个句法位置的名词短语在关系化时所处理的节点数越少,则该成分越易被关系化。可见"名词短语可及性等级"的合理性可以从句法结构上得到证明。本章所讨论的工具、材料、处所、伴随成分关系化在已有研究中通常被称为"工具、材料、处所、伴随格关系化"或"旁格关系化"。这主要是由于这三类论元成分通常在句子中充当介词宾语,因此,它们构成的关系结构被默认为是通过"NP_{施事}+用NP_{工具}/用NP_{材料}/在NP_{处所}/和NP_{伴随}+VP"句式关系化而来的。但通过对实际用例的观察,"关系小句+的+NP_{工具/材料/处所/伴随}"中,虽然所有关系小句和中心语都呈现出"事件-工具/材料/处所/伴随"的语义关系,但NP_{工具/材料/处所/伴随}原本在基础句中的所充当的句法成分并不一定是介词所引导的旁格成分。因此,本书使用了语义角色来指称此类关系化。

下文将分别说明附加语空位工具、材料、处所和伴随关系句在句法和语义上的具体限制,并从它们表现出的共同点中挖掘这四类旁格关系句的生成机制及内在原因。

3.2 工具、材料成分关系化的类型及限制条件

现代汉语中工具论元和材料论元在基本句式中都是通过介词"用"引导,作为介词宾语出现。已有研究普遍认为工具论元和材料论元在语义和句法上具有系统性差异,属于不同范畴。在语义上,工具论元在动作完成前后形态不变,可反复使用;材料论元在动作完成前后通常有明显改变,不可反复使用;工具论元具有施事性,材料论元具有受事性(徐杰 1986a、1986b,谭景春 1995,吴继光 1998、1999,

陈昌来 1998，徐默凡 2003，陈宗菊 2008）。但在关系化操作中，由于工具论元和材料论元共享基础句式"NP$_{施事}$＋用 NP$_{工具/材料}$＋VP"，且二者构成的关系结构在限制上基本相同，因此我们一并讨论。

3.2.1 工具、材料成分的三种关系化方式

现代汉语中存在多种能够容纳工具、材料论元的句式，如工具、材料做宾语等（孙天琦 2009、2010，邵琛欣 2015）。徐杰（1986a、1986b）总结出七类工具结构，部分带有工具范畴标记"用（来）"的句式，可以自由地通过保留空位的方式实现工具论元的关系化。例如：

（5）a. 吃饭用（这双）筷子。→ 吃饭用 Ø$_i$ 的筷子$_i$
　　b. 这双筷子吃饭用。→ Ø$_i$ 吃饭用的筷子$_i$
　　c.（这只）刷子用来粉刷墙壁。→ Ø$_i$ 用来粉刷墙壁的刷子$_i$
　　d. 工人用（这只）刷子来粉刷墙壁。→ 工人用 Ø$_i$ 来粉刷墙壁的刷子$_i$

例（5）中的关系小句与上文例（3）中的附加语空位关系句不同。它们带有明确的工具范畴标记"用（来）"，并保留了工具论元的空位，中心语能够还原回小句中的特定位置中。所以这类工具论元的关系化采用了空位策略[①]。材料论元关系句中同样可以出现"用（来）"以标示关系化过程。例如：

（6）a. 做饭用橄榄油。→ 做饭用 Ø$_i$ 的橄榄油$_i$
　　b. 橄榄油做饭用。→ Ø$_i$ 做饭用的橄榄油$_i$
　　c.（这桶）油漆用来粉刷墙壁。→ Ø$_i$ 用来粉刷墙壁的油漆$_i$

[①] 一般认为汉语介词不能"悬空"出现，因此介词宾语话题化或关系化后，述题/关系小句部分一般不会保留介词，但"用来"比较例外。这可能与"用来"已经固化（储泽祥、曹跃香 2005）有关。

d. 工人用（这桶）油漆来粉刷墙壁。→ 工人用 Ø_i 来粉刷墙壁的油漆_i

我们将这类带有"用（来）"提示特定语义范畴的关系小句称为"带格标记的工具/材料关系句"。

此外由于汉语中工具带有施事性，工具论元可以作为句子的主语出现。（徐杰 1986a、1986b，陈昌来 1998，吴继光 1999）因此，作为中心语的工具论元也可能来源于小句的主语成分。例如：

（7）a. <u>这枚将孩子们炸死的炸弹</u>是美国飞机扔下的集束炸弹散落下来的未爆子弹。

　　→ 这枚炸弹将孩子们炸死了。/ 美国飞机用炸弹将孩子们炸死了。

　　b. "全程跟踪服务队"和他们送化肥的卡车一起到了安徽和县西埠镇。

　　→ 那辆卡车送化肥。/ 他们用卡车送化肥。

例（7）中工具中心语的来源可做主语和介词宾语两种解读。但（7）a 中，关系小句内部很难补出一个施事主语，即小句的主语位置必须保留空位。而（7）b 中的关系小句则允许补出一个施事主语，形成一个必有论元均已实现的附加语空位关系小句。例如：

（7'）a. *美国飞机将孩子们炸死的炸弹
　　　b. 他们送化肥的卡车

可见，例（7）a、b 两类结构的实质并不相同：（7）a 是工具论元原本在小句中做主语的主语关系化结构，（7）b 则是作为旁格的工具论元所生成的附加语空位工具关系句。我们将前者称为"工具主语关系句",后者则属于"附加语空位工具关系句"。这两者之间的差别在于工具主语关系句中,关系小句的主语位置必须空缺,无法补出施事角色;而附加语空位工具关系句中,关系小句通常有施事主语存在,或可以补出施事角色,形成句法表面无空位的关系小句。①

材料论元在"V成+NP_结果"的结构中也可以作为主语,实现主语关系化。例如:

(8)他想起了一条条蜿蜒、清静的路,一簇簇编成篱笆的灌木。
→(那些)灌木编成了篱笆。/人们用(那些)灌木编成了篱笆。

与工具论元情况类似,例(8)也可以被解读为主语关系化和旁格关系化两种来源。但通过在关系小句中加入施事主语的测试,可以区分为"材料主语关系句"(例(8')a)和"附加语空位材料关系句"(例(8')b)。例如:

(8')a.*人们编成篱笆的灌木
    b.许多群众把积攒多年盖房的砖石都捐献出来。
    →群众盖房的砖石

至此我们已经区分出了三类工具、材料关系句,包括小句内存在范畴标记"用(来)"的"带范畴标记的工具、材料关系句";关系小句主语必须保留空位的"工具、材料主语关系句"和关系小句主宾语均无空位的"附加语空位工具、材料关系句"。相对来说,前两类关

---

① 有时附加语空位工具关系句也很难出现一个确定的施事主语,且附加语空位工具关系句中的工具中心语也可以出现在句首位置。例如:"连家里打醋的瓶子都是玛瑙的。→这个瓶子,打醋(用)。"但这里出现在句首的工具论元显然与(7a)中的"那颗子弹"不同。"这个瓶子"并不具有施事性,因此,我们认为"这个瓶子"应该属于话题,"打醋的瓶子"属于附加语空位工具关系句。

系句都有明确的关系化过程，而"附加语空位工具、材料关系句"则具有我们在本章引言中所提及的特殊性。接下来的分析主要针对附加语空位工具、材料关系句展开。

3.2.2　附加语空位工具、材料关系句的句法、语义限制

附加语空位工具、材料关系句虽然也属于无格标记的关系小句，但与主、宾语关系句相比，其在句法、语义上存在着一系列的限制。

3.2.2.1　小句谓词的句法倾向

附加语空位工具、材料关系句中的谓词大多数情况下带有"非过程"的时间特征（郭锐 1997），通常都是用来描述惯常性的事件，表现为小句排斥"正在"和"着、了"。例如：

（9）a. 登山队支帐篷的铁管被风刮得到处都是。→ *登山队支着/了帐篷的那些铁管

b. 谁能保证有朝一日不会变成炖汤的鱼呢？→ *正在炖汤的那条鱼

同时，小句也排斥对事件或动作进行精细化表述的副词成分。例如：

（10）a. 妈妈默默地用那把刀切菜。→ *妈妈默默切菜的（那把）刀

b. 孩子们飞快地用石头垒起一座小桥。→ *孩子们飞快（地）垒桥的石头

不过当小句中存在提示时间的副词或时间名词时，附加语空位工具、材料关系句也可以表示一个已发生的具体事件。例如：

（11）a. 妈妈刚才切洋葱的那把刀没洗之前不能切别的菜了。
　　　b. 今天早上做早饭的锅到现在还没有刷。

但通过分析CCL语料库中随机检索到的226例附加语空位工具关系句和143例附加语空位材料关系句，可以发现表达非过程、常规性事件的例子占了92.95%（343/369）。可见这两类关系句具有很强的表示惯常事件的倾向。并且这两类关系句承担的主要信息功能都是命名功能[①]，而非一般关系小句通常承担的追踪功能。例如：

（12）a. 古代欧洲人写字的笔是用鹅毛管做的。
　　　b. 他为她买了许多作画的染料，为她削铅笔。

在例（12）中，关系小句并不是通过描述已发生的事件来对事件参与者（工具、材料）进行追踪。比如"作画的染料"中，这些染料并未完成过"作画"事件，而是用表示抽象事件的"作画"对"染料"进行定义。因此，附加语空位工具、材料关系句以刻画非过程、惯常性事件为主，具有表示恒常、抽象事件的倾向。

3.2.2.2　小句谓词和中心语名词间的语义限制

在表示工具、材料范畴的句法结构中，工具和材料论元通常与句子谓词形成施用关系（吴继光1998）。这种施用关系的表达可以通过范畴标记"用（来）"进行标示。但附加语空位工具/材料关系句中不存在特定标记来提示中心语和关系句之间的语义联系，这使得相对于基本句式"NP$_{施事}$＋用N$_{工具/材料}$＋VP"来说，附加语空位工具、材料关系结构中中心语和关系小句动词之间的语义联系更加松散，也同时导

[①] 汉语定语小句的"命名、追踪"功能来自陶红印（2002）的定义。陶红印（2002），方梅、宋贞花（2004）的研究对象为口语语篇，但其中关系小句的功能与书面语语篇相差不大。详见本书1.5节的论述。因此，我们在此选用"命名、追踪"概念为具有这类功能的小句命名。

致了关系小句动词的语义类型受限。例如：

（13）a. 士兵们用树枝支起帐篷。→ 士兵们支帐篷的树枝
　　　b. 士兵们用树枝攻击对方。→＊士兵们攻击对方的树枝
（14）a. 孩子们用那些石头搭了一座桥。→ 孩子们搭桥的石头
　　　b. 孩子们用那些石头摆了一个迷宫。→？孩子们摆迷宫的石头

附加语空位工具、材料关系句中的谓词通常是中心语名词的常见功用角色。比如作为"树枝"，"支"的功能较之于"攻击"的功能更加常见；而"石头""搭"的功能也比"摆"的功能更容易理解。我们将"铁丝、绳子"等10个比较常见的工具名词和"布料、布"等11个常见的材料名词构成的附加语空位关系句中动词类型进行总结（来自226例附加语空位工具关系句和143例附加语空位材料关系句），对应结果如表3-1、表3-2所示：

表3-1　工具名词及其附加语空位关系句中谓词的出现次数

工具名词	该工具名词构成的附加语空位关系小句总数	附加语空位工具关系句中的谓词
刀	15	切（9）、砍（2）、杀（2）、刮（1）、行凶（1）
盘子	13	盛（9）、装（2）、放（2）
袋子	13	装（11）、盛放（1）、包（1）
布	11	包/包裹（4）、擦（4）、盖（2）
木棍/铁棍/棍子	9	搅拌/搅（5）、拴（2）、插（1）、打（1）
铁丝/绳子	9	挂（3）、晾（3）、捆（2）、拴（1）
刷子	8	刷（7）、涂（1）

表 3-2　材料名词及其附加语空位关系句中谓词的出现次数

材料名词	该材料名词构成的附加语空位关系小句总数	附加语空位材料关系句中的谓词
木头 / 木料 / 木材	19	盖（10）、做（6）、建（2）、打（家具）（1）
砖 / 砖瓦 / 砖石	16	盖（9）、建/建筑（5）、修（房子）（2）
毛皮	10	做（9）、裁制（1）
钢板 / 钢筋	8	做（4）、盖（3）、搭建（1）
布料 / 布	8	缝/缝制（4）、做（4）

通过表 3-1、表 3-2 可以发现，能够出现在附加语空位工具、材料关系句中的动词集中于名词中心语最常用的功用角色上。其中，材料名词还共享常用功用角色"做"。

以上分析是以中心语为核心审视小句谓词，可以发现谓词的语义类型限定在名词的常用功用角色上。实际上，这种限制是谓词和名词语义间的相互制约。陈巧燕（2007）发现，只有小句谓词语义中蕴含的典型工具角色才能实现为附加语空位工具关系句的中心语。例如：

（15）a. 梳头的梳子——* 梳头的手指
　　　b. 写字的钢笔——* 写字的牙签[①]

由此可见，中心语名词和附加语空位关系句的谓词之间越容易建立功用关系，它们所构成的附加语空位工具、材料关系小句就越常见、越自然。这种功用关系是名词中心语和小句谓词间的互动。而功用关系的建立则主要依靠语言使用者的背景知识和日常经验。不过，当说

[①] 引自陈巧燕（2007：12）例（6）、（7）。

者和听者双方都共同建立一个已知的事件时，作为工具、材料的定指中心语名词也可以作为已知信息和事件产生功用关系。比如"刚才她梳头的那两根手指""他刚刚写字的牙签"。在这种情况下，中心语名词依旧需要和小句谓词建立功用关系，但是这时的关系是通过上下文语境建立的临时联系。

由此可以发现，附加语空位工具、材料关系句的特殊性主要体现在两方面：关系小句具有非过程的特征，倾向于描写抽象事件；关系小句中的动词和中心语名词之间存在功用关系，且动词通常是中心语名词的常用功用角色，名词中心语也属于动词的典型工具角色，名词和动词之间经常性的共现搭配和语义互动，建立了关系句和名词之间"事件－工具／材料"的联系。只有谓词和中心语名词取得了这种紧密联系，附加语空位关系句才能更加合法。而联系的紧密程度则与语言使用者的日常经验相关。

3.3 处所成分关系化的类型及限制条件

汉语中的处所论元和工具、材料论元一样，都可以构成既无格标记也无附加语空位的特殊关系结构。本部分讨论以处所论元作为中心语的三类关系句，并分析附加语空位处所关系结构的具体限制条件。

3.3.1 处所论元关系化的类型

处所论元可以在句式中实现为多种句法成分。作为主语、介词宾语的处所论元都可以进行关系化。现代汉语中大量存在的存现句即以处所作为主语。因此，一部分无标记的处所论元关系句，实际上是由存现句关系化主语产生的。例如：

(16) a. 摆着佛像的供桌上已经布满了尘土。→ 供桌上摆着佛像。

b. 家里最显眼的就是那面贴满喜娃奖状的墙。→ 那面墙贴满了喜娃的奖状。

与工具、材料论元中主语关系化和附加语空位关系化的区分一样，通过能否在小句中补出一个施事主语可以测试出两类关系句的不同。例如：

(17) a. *祖母摆着佛像的供桌上已经布满了尘土。①

b. *家里最显眼的就是那面家人贴满喜娃奖状的墙。

c. 乔尼把骷髅放在他们平时解剖尸体的桌子上。

例(17)a、b属于存现句变换而成的主语关系化，而例(17)c是本部分重点讨论的附加语空位处所关系句。此外，表示处所范畴的介词短语"在+NP$_{处所}$"可以出现在动词前和动词后，构成两类不同的句式。一般认为："在+NP$_{处所}$+VP"中，处所提供背景信息，属于外围论元；而"VP+在+NP$_{处所}$"结构则要求动词具有携带处所论元的能力，这类结构需要动词具备特定的语义条件（朱德熙 1978，范继淹 1982，俞咏梅 1999）。因此在"VP+在+NP$_{处所}$"中，处所论元关系化后，小句中实际上存在一个处所空位。相对于外围论元来说，这个处所论元和动词在句法、语义上的联系更加密切。例如：

(18) a. 玉琴躺在沙发里。→ 玉琴躺的沙发

b. 市长靠在柜子旁。→ 市长靠的柜子

c. 他待在这个房间。→ 他待的房间

---

① 例(17)a若将"祖母"理解为"供桌"的领有者，即"祖母的摆着佛像的供桌"则可以成立。但若将"祖母摆着佛像"作为完整小句修饰"供桌"，则不太自然。

在例（18）中，小句动词的语义中都包含处所义，虽然在关系化的过程中，小句内部同样失落了作为范畴标记的"在"，但与附加语空位处所论元小句相比，这类例句中中心语名词和小句的"处所－事件"关系，可以通过小句中动词的语义空位来建立。① 因此，例（18）a—c类小句不纳入附加语空位处所论元关系句进行讨论。

3.3.2　小句谓词的句法、语义限制

附加语空位处所关系句的谓词同样具有非过程性的句法倾向。谓词所表达的事件在时态上有较强的限制，大部分情况下排斥"正在"和"着、了"。例如：

（19）他一定插一点花在自己写作的桌子上。→ *自己正在写作的桌子

（20）这间办公的屋子同时也是周燕睡觉的屋子。→ *周燕睡着／了觉的屋子。

同样，小句也排斥对事件或动作进行精细化表述的副词成分。例如：

（21）议员们在大厅愉快地聚餐。→ *议员们愉快聚餐的大厅

同样，这类依靠听说双方的已知信息构建起"处所－事件"联系的关系结构，在实际语料中比较罕见。在CCL语料库中随机检索到的

---

① 动词带有"附着义"且"在+NP$_{处所}$"指向受事终点的"NP$_{施事}$+VP+在+NP$_{处所}$"/"NP$_{施事}$+在+NP$_{处所}$+VP"也可以进行比较自由的处所关系化。例如："老师写了字的那块黑板""妈妈挂了幅画的那面墙"。这类情况中的"在+NP$_{处所}$"和我们要讨论的不受动词语义制约、纯粹做旁格提供事件背景的"在+NP$_{处所}$"不同，这类处所论元关系化与动词的语义联系也更加密切。有关这类处所关系句的限制条件，我们将在4.4.1节详细讨论。

103 例附加语空位处所关系句中表达非过程抽象事件的例子占了 100%（103/103）。可见附加语空位处所关系句和附加语空位工具、材料关系句一样，都具有很强的表示抽象事件的倾向，并以命名而非追踪作为主要语篇功能。

由于附加语空位处所关系句描述的事件往往具有时间上的非过程性，导致处所名词与事件之间的关系形成了一种反复发生的特征，因此使小句描述的事件很容易被理解为处所中心语的特定功能。因此大部分附加语空位处所关系句都可以解读为"NP$_{处所}$＋用来＋VP"。例如：

（22）a. 他写作的桌子 → 他用来写作的桌子
　　　b. 玉财睡觉的屋子 → 玉财用来睡觉的屋子
　　　c. 村民们烧砖的土窑 → 村民用来烧砖的土窑

当然，也存在在句法表面无法加入"用来"的例子，例如：

（23）这天晚上，柳青回到与小桃红合住的屋子，却是人去屋空。→？用来与小桃红合住的屋子

虽然例（23）无法明确补出一个"用来"来证明"屋子"和"合住"之间的功用关系，但例（23）中"合住"与处所之间并不是偶然发生的关系，而是"合住"事件反复发生在屋子中，或"屋子"的属性就是"用来合住"。

附加语空位处所论元关系句中小句谓词的语义通常情况下与处所论元之间形成固定功能的解读。这使得附加语空位处所论元关系小句中的谓词并不是随意的，能够构成"NP$_{施事}$＋在＋NP$_{处所}$＋VP"格式的动词，并不一定能够充当附加语空位处所论元关系小句的谓词。例如：

(24) a. 孩子们在空地上跳房子。→ *孩子们跳房子的那片空地

b. 孩子们在空地上打棒球。→ 孩子们打棒球的那片空地

(25) a. 他在这张桌子上吃汉堡。→ *他吃汉堡的那张桌子

b. 他在这张桌子上办公。→ 他办公的那张桌子

附加语空位处所论元关系小句中谓词语义和处所名词之间也呈现出了功用特征。不过这种功用关系并没有附加语空位工具/材料关系句中表现的那样突出。如例(24)b、(25)b中,"打棒球"和"办公"也并不是"空地"和"桌子"的主要功用角色。但对比例(24)a、(25)a可以看到,"空地"与"打棒球"更容易建立功用关系,即这片空地主要用来"打棒球",或"打棒球"成为了"空地"的一种功能。但对于"跳房子","空地"则缺乏功用专门化的可能性,因为"专门跳房子的空地"就我们的日常经验来说难以理解。同理,"桌子"相对于"办公"更易专门化、功能化,而"吃汉堡"则更可能是某一次发生在"桌子"上的偶然事件。我们对"屋子、房间"等6类比较常见的处所名词构成的附加语空位关系句中动词类型进行检索(来自103例附加语空位处所关系句),对应结果如表3-3所示:

表3-3 处所名词及其附加语空位关系句中谓词的出现次数

处所名词	该处所名词构成的附加语空位关系小句总数	附加语空位处所关系句中的谓词
屋子/房间	44	放置/放/摆放/存放(7)、读书/看书/写字/写作(7)吃饭/用餐/会餐(5)、堆/堆放(4)、关/监禁(3)、同居/合住(3)、藏(3)、开会/聚会(2)、装(2)、做(2)、睡觉(2)、供奉(1)、停灵(1)、卖票(1)、洗[衣服](1)

第三章　功用义与旁格关系结构的形成原因和解读倾向　87

续表

处所名词	该处所名词构成的附加语空位关系小句总数	附加语空位处所关系句中的谓词
桌子	15	放/摆放/堆放（5）、写字/读书/写作（5）、办公（3）、搭建（1）、解剖（1）
×窑（土窑、砖窑等）	12	烧（5）、藏/贮藏（3）、炼（2）、放/放置（2）
园子	9	种（6）、演（2）、唱戏（1）
空地	7	停/停放（3）、放/放置（2）、种（2）
大厅	6	展览（2）、举办（2）、聚餐（1）、摆放（1）

在附加语空位处所关系句中呈现出的中心语和小句谓词间的功用关系同样体现在中心语名词语义的限制上。这类结构严格排斥典型的处所词（地名）作为中心语。即使小句描述的是惯常性事件，并与地名所指向的地点间具有反复发生的特征，这类名词仍不能作为附加语空位处所关系句的中心语。[①] 例如：

(26) a. 老刘在北京工作。→ *老刘工作的北京

b. 游泳队在澳大利亚集训。→ *游泳队集训的澳大利亚

典型处所名词指明事件发生的特定位置，提供空间背景，只能和事件建立"处所关系"（储泽祥 2006）。这类名词无法进入附加语空位处所关系句更加说明这类关系结构中关系小句和中心语名词之间除了处所关系外，还存在功用关系。而当名词语义中已包含固有的功用义

[①] 专有名词较难作为修饰结构的中心语出现。但专有名词一般可以受主、宾语关系小句的修饰，比如："喜欢音乐的小张、我们向往的生活"，这类关系小句通常具有描写性的特点。但专有处所名词很难受附加语空位关系小句修饰，如例（26），也无法获得描写性的解读。

时，只有符合固有功用义所涵盖的事件的小句才可以与处所名词形成附加语空位关系结构。而描述其他事件的关系小句即使与名词所指地点形成惯常发生的关系，也很难形成附加语空位关系句。例如：

（27）a. 爸爸总是在厨房抽烟。→*爸爸抽烟的厨房
　　　b. 他每次都在后台看书。→*他看书的后台

综上所述，附加语空位处所论元关系句中的动词一般是发生在相应的处所名词中的惯常性事件。小句和名词中心语之间不仅存在处所关系，更明确地表示出了一种功用联系，即处所名词具有关系小句所描述的特定、专门的功能。因此附加语空位处所关系句中的动词通常是中心语处所名词的可常规化、固定化的功能，而只能和小句建立处所联系的典型处所名词不能成为附加语空位处所关系句的中心语。

3.4　伴随成分关系化的限制条件

Huang（2016）提到，在句中作为伴随论元的名词也可以直接关系化。例如：

（28）小王跟舞伴跳舞。→小王跳舞的舞伴

基于这一现象，我们发现除"舞伴"之外，汉语中还存在着其他允许进行伴随成分无标记关系化的名词。例如：

（29）a. 他和队友打球。→他打球的队友
　　　b. 他和伙伴打游戏。→小王打游戏的伙伴
　　　c. 我和同伴去北京。→我去北京的同伴

这类名词通常是表伴随义的指人关系名词，并且通常带有构词语

第三章 功用义与旁格关系结构的形成原因和解读倾向

素"-友"、"-伴"或"同-"、"对-"等。这些词汇包括：

酒肉朋友　良师益友　盟友　难友　战友　棋友　球友　学友
伙伴　旅伴　同伴　游伴　舞伴
同窗　同党　同伙　同僚　同谋
敌人　对头　对手　对象

除了名词类型受限外，附加语空位伴随关系句还存在着其他方面的限制条件。

3.4.1　伴随论元关系化的句法限制

伴随格关系化小句的句法特征表现为伴随格小句本身不能出现任何时态信息。在时制上具有"非过程"的特征。例如：

（30）a. 他跳舞的舞伴

　　　 b. *他跳了舞的舞伴

　　　 c. *他跳了一支舞的舞伴

（31）a. 他暗杀领导人的同谋

　　　 b. *他暗杀了领导人的同谋

　　　 c. *他暗杀了两位领导人的同谋

允许伴随成分关系化的小句一定是缺乏时间特征的。表示完成的例（30）b、（31）b，以及表示"有界"的例（30）c、（31）c 都是不合法的。并且在小句中不能出现副词或补语，事件本身的精细化描写不能是"方式性"的，只能是"类别性"的。例如：

（32）a. 我一起战斗的战友

　　　 b. *我一起忘死战斗的战友

（33）a. 他去北京旅行的同伴

b. *他一起偷偷地去北京旅行的同伴

另外，此类关系化小句还排斥程度补语或结果补语。例如：

（34）a. 他打羽毛球的球友

b. *他打羽毛球打得大汗淋漓的球友①

（35）a. 他一起学习的同窗

b. *他学得非常认真的同窗

这说明在伴随成分关系化小句描写的事件中，不太能接受方式、程度性的修饰性成分。附加语空位伴随关系句的谓词同样具有非过程性的句法倾向。这也会导致伴随成分与事件之间的关系形成一种反复发生的特征，因此使小句描述的事件很容易被理解为处所中心语的特定功用。这样的功用义解读也为附加语空位伴随关系句的语义特征提出了要求和限制。

3.4.2　伴随论元关系化的语义限制

虽然伴随义名词如"舞伴、同伴、队友"等可以作为伴随成分进行关系化，但这种格式合法的前提在于关系小句所描述的事件，要与名词语义内涵所要求的事件相符。比如"舞伴"在《现代汉语词典》第6版释义为："舞蹈中的搭档和伙伴。"因此，"他跳舞的舞伴"可以成立，但"*他吃饭的舞伴（他和舞伴吃饭。）"却不合法。下例中的

---

① 例（34）b和（35）b如果理解为"他的打羽毛球打得大汗淋漓的球友"和"他的学得非常认真的同窗"是合法的，但这两句很难理解为"我和他ᵢ打羽毛球打得大汗淋漓的球友ᵢ"或"我和他ᵢ一起学习学得非常认真的同窗ᵢ"。一个比较有效地区分手段是，看关系化小句"N1+VP+的+N2"中，VP所描述的是只有N2，还是N1和N2都具备这种属性。如果N1和N2都满足VP，才是伴随格关系化小句。

对比也同样说明了伴随成分无标记关系化过程中的这种限制。例如：

（36）a. 他和队友打排球。→他打排球的队友

b. 他跟对手争夺奥运冠军。→他争夺奥运冠军的对手。

（37）a. 他和队友去了北京。→*他去北京的队友

b. 他和对手聊天。→*他聊天的对手

从"队友"的物性角色来看"打排球"属于行为角色（袁毓林2013、2014a）。但从"队友"的命名来看，队友"通常指一个共同团队中的合作者，为达成共同目的而组成的团体中除自己之外的人"，其词义中包含着"达成共同目的"的功用角色。即一个人被称为"队友"，是有特定功用价值的。而能够与伴随格"队友"构成附加语空位关系结构的小句必须是"队友"特定的功用属性，比如"打排球"，而不能是"队友"作为人的暂时性活动。可见当其他旁格成分与关系小句产生功用义联系后，同样可以形成附加语空位关系句。

可以看到，关系名词自身的语义严格限制了伴随成分关系小句的语义内容。名词语义结构中所包含的事件及其下位事件，才能成为关系小句，修饰伴随成分。

由于伴随类名词作为伴随成分关系化时，在语义上只能限制为跟词汇语义相关的事件或其下位事件，因此，在语用功能上，这类关系化结构中真正传达的信息重心只能是事件的主语或者是对事件描写的部分。比如，在对"舞伴"进行伴随格关系化时，"他跳舞的舞伴"中，当重音落在"他"上时，整个句子的合格性较高；而当重音落在"跳舞"上时，由于"舞伴"本身已经隐含了"从事跳舞活动"的意义，因此整个句子就会有重复表达之嫌，合格性不高。而在例子"他打排球的队友"中，可以将重音落在"他"或"排球"上，两部分都允许成为对比焦点。

3.5 附加语空位旁格关系句的形成原因

通过上文分析可以发现，工具、材料、处所、伴随这四类特殊的附加语空位旁格关系句在句法表现和语义限制上呈现出了一致性。四类关系小句都倾向于表示惯常性的抽象事件，小句和中心语名词之间都要求建立功用联系，而能否建立起这种联系则取决于谓词作为名词功用角色的可能性。本部分首先梳理前人文献中附加语空位旁格关系句生成过程的研究，发现关系化移位生成和修饰名词的普遍性小句结构等说法都无法解决我们面临的问题。之后提出工具、材料、处所、伴随论元和动词之间的功用义联系是附加语空位旁格关系句产生的动因。对比其他旁格的复指关系化策略，这四类关系小句的生成得益于名词功用义在汉语中的高度凸显性。

3.5.1 附加语空位旁格关系句生成机制的已有研究

针对汉语旁格关系句的讨论大都被纳入汉语名词可及性等级的相关研究中，专门针对旁格关系句生成机制的研究并不多见。除汉语的主语、宾语被认为是以主句关系化派生而成的之外，其他类型关系小句的生成机制，则可以归纳为"派生生成"和"基础生成"两种意见。

部分持派生生成观点的研究认为，附加语空位旁格关系句是通过基础句式"NP$_{施事}$＋用 NP$_{工具/材料}$／在 NP$_{处所}$＋VP"变换而来的。郭锐（2009、2018）、王亚琼、冯丽萍（2012）认为旁格论元的关系化过程是 NP$_{工具/材料/处所}$移至中心语位置后，由于汉语中介词不能悬空，关系句中的"用、在"被删除，生成了"NP$_{施事}$＋VP＋的＋NP$_{旁格}$"结构。介词删除操作可以说明为何工具、材料、处所三类旁格关系小句中既无附加语空位也无标记，同时也可以说明本书第二章中附加语"空位"

的来源。相对而言，这种说法比以下的"话题说"更清晰地展示了此类结构的具体派生过程。但"移位-删除说"对于为什么不是所有受介词引导的旁格成分都能够生成附加语空位关系句这一问题并未给予关注，也未说明这三类附加语空位关系结构表现出的一系列句法、语义限制。

另外一些研究认为关系句是通过话题结构派生而成的。即关系结构中的中心语是由话题移位而来，并不是在基础句式中移位的（袁毓林 1996，Chen 1996，刘丹青 2005）。由于话题化和关系化存在着一系列对应关系，这种看法的接受度更广。但话题结构和关系结构之间并不总是对等的。典型的汉语式话题（悬垂话题）并不能关系化为中心语；而类似关系结构的事件义和内容义定语小句的中心语也无法成为句子的话题。例如：

（38）a. 水果，我最喜欢苹果。→*我最喜欢苹果的水果
　　　b. 公司破产的原因→*（这个）原因，公司破产了。

当然，对于工具、材料、处所三类旁格结构，它们既可以作为话题出现，也可以作为关系小句的中心语出现。并且和关系化中的表现一样，它们能够话题化的特点也区别于与事、对象、来源等其他旁格结构。但有些关系结构中，中心语较难作为话题出现。例如：

（39）a. 病人输氧的管子→?那根管子，病人输氧。
　　　b. 画师作画的染料→?那些染料，画师们作画。
　　　c. 孩子们打棒球的空地→?那片空地，孩子们打棒球。

尤其是使用惯常性专门功能对中心语进行定义的关系结构，其中心语更难话题化。例如：

（40）a. 古代欧洲人写字的笔 → *那种笔，古代欧洲人写字。
　　　b.（他）写作的桌子 → *那张桌子，他写作。

旁格成分话题化后，述题部分更常见于描写特定事件；而相应的附加语空位旁格关系句则更倾向于表达惯常性的抽象事件。对于关系化和话题化之间的联系和区别，我们在此不做过多讨论。一方面，工具、材料、处所话题的述题结构与对应的关系小句的句法倾向并不对等；另一方面，针对可以和话题结构互相变换的附加语空位旁格关系结构，"话题派生说"也未能解释为何在话题化中，工具、材料、处所三类论元同样存在特殊性，以及其他旁格成分为什么不能实现话题化。

派生生成说表现出的问题使我们对附加语空位旁格关系句的关系化过程产生了质疑。实际上，在其关系化操作不明确的前提下，"附加语空位小句+工具/材料/处所/伴随名词"这一结构不再适合被称为"关系句"了，但考虑到2.3节对有空位和无空位两类定语小句进行的句法功能测试中，附加语空位关系句的表现与主、宾语空位关系句一致，从这个角度来看，我们仍然使用"附加语空位关系句"来称说这类结构。

基础生成说的相关研究也不仅针对旁格关系句，而是认为汉语中的所有小句修饰结构都属于基础生成。杨彩梅（2008）认为汉语关系句并不是移位产生的，关系结构的内部联系通过中心语和小句中空代词同指形成。沈家煊、王冬梅（2000）、沈家煊、完权（2009）、吴怀成、沈家煊（2017）、张伯江（2014、2018）等认为"的"字修饰结构是在"参照体-目标"的语用因素的驱动下形成的。类似地，LaPolla（2008、2017）、Masumoto et al.（2017）认为汉语属于"修饰名词的普遍性小句结构"（general noun-modifying clause construction, GNMCC），即汉语中所有修饰名词的小句形式，都是通过"语用相关"与名词结合的。这种说法体现出了汉语句法意合特征在修饰关系中的影响，也能够说明汉语中为何存在着多类不能被"名词关系化可及性等级"解释的定语小句。但"同指关系"和"语用因素"的概括并不能说明关系小句与中心语间的句法、语义限制，以及旁格关系句在句法类型上的分化。

虽然前人对于附加语空位旁格关系句给出了多种分析，在一定程度上可以解释这四类旁格关系化的句法特点或产生过程，但仍然未能回答关键问题：附加语空位旁格关系句和名词中心语之间为什么会存在诸多限制？它们之间怎样取得了"工具／材料／处所／伴随－事件"的语义关系？以及，为何旁格论元中只有工具、材料、处所、部分伴随成分能够作为小句修饰结构的中心语，而与事、对象等旁格结构则不能？

3.5.2 四类旁格关系句的形成原因

四类附加语空位旁格关系句和中心语之间存在着相互制约的条件。关系小句的谓词语义和句法特征的倾向性以及中心语名词的类型限制，促使我们将名词概念结构和关系小句谓词建立联系，试图从名词语义出发寻找这类关系结构的生成机制。一些前人研究已经尝试从名词语义出发对部分修饰语的生成机制进行解释。Larson（1998）、Larson & Takahashi（2007）、Del Gobbo（2005）认为属性修饰语修饰 NP 层，事件修饰语修饰 DP 层，借鉴 Chierchia（1995）对属性谓词的描写，认为 NP 内包含一个类属算子（generic quantifier）Γ。Lin（2008）指出表示名词固有属性的属性修饰语是名词论元结构的一部分，受限于名词内部的语义特征组（feature bundle）；Matsumoto（1997：148—160）将日语中部分附加语空位小句修饰结构概括为"小句和名词共同控制类型"（clause and noun host type），并认为这类结构中中心语名词的"语义框架中包含一个事件，并受到这个事件中谓词的约束"。

　　四类附加语空位关系小句具有属性修饰语倾向，即修饰语一般是中心语名词的固定功用属性；另一方面，中心语还与小句谓词的语义表现出互相制约的特征。根据 3.2—3.4 节的分析，附加语空位工具、材料关系句体现出作为材料、工具的名词与其常用功用角色在构成附加语空位关系句中的匹配、制约关系；而附加语空位处所关系句则体现出非典型处所名词与高频事件间的匹配关系，更值得注意的是，在附加语空位处所关系句中，限制处所名词和所发生事件间的关系实质上并不是"处所－事件"关系，而是功用关系。在附加语空位处所关系句中，关系小句所描述的事件是惯常性发生在中心语所指向的处所中，关系小句实际上是处所名词的特定功能或固定属性。而合格的附加语空位伴随关系句中，小句内容必须与中心语名词自身语义中所包含的功用义相关。在句法形式上，无标记旁格关系句的谓词是工具、材料、处所、伴随中心语的间接功用（purpose telic）角色。间接功用是指名词可以用来协助完成某个活动，在句法实现上名词通常编码为间接功用角色的旁格工具论元。比如"用刀切"中"切"是"刀"的间接功用角色（Pustejovsky 1995：99—100，宋作艳 2011）。而作为直接功用角色的动词则常常和名词组成动宾结构，比如"喝酒、抹口红"。形成动宾结构的"功用角色－名词"也可以实现关系化，如"喝的酒、抹的口红"等，但这属于宾语关系化。

　　由此，四类附加语空位旁格论元关系句在句法表现和内部语义关联上体现出了很强的一致性：名词和关系小句所描述的事件之间的限制能否表达"功用义"。只有中心语名词和关系小句之间能够建立明确的功用关系时，中心语名词才能够出现在附加语空位旁格论元关系句中。可见只有当中心语名词和小句描述的事件之间互相制约建立符合认知经验的功用义时，才能满足附加语空位旁格论元关系句的形成条件。

虽然附加语空位旁格论元与主、宾语关系句都使用了无格标记的关系句形式，但其形成过程却有着明显差异。主、宾语关系句完全以动词作为核心，中心语名词和动词之间不存在语义限制，只要在基础句中能够形成"主-谓-宾"关系，都可以通过空位策略关系化形成合格的关系小句。而附加语空位旁格论元关系句则呈现出对谓语和名词之间语义关系的严格限制，使得部分基础句中表达工具、材料、处所、伴随范畴的名词成分很难作为附加语空位关系句的中心语。导致这种情况的原因是基础句中可以通过特定的范畴标记或句法构式，强制性地建立名词与事件之间的论元关系。例如：

（41）a. 用树枝相互攻击。
b. 用石头摆迷宫。
c. 在空地上玩跳房子。
d. 和女孩儿一起跳舞。

但由于附加语空位关系句中失去了范畴标记在事件和名词之间强制建立的论元关系，因此小句和名词论元之间所构建的"松散联系"只能从日常经验的常规化模式中获得。从名词角度看，小句谓词要求是名词的常用功用角色；而从动词角度看，名词中心语需要经常充当动词论元结构中的工具、材料、处所、伴随成分。名词和动词在语义层面的互动关系通过特定的日常经验和语言表达模式逐步固定，使某些特定的名词和谓词之间产生了更稳固、更密切的语义联系，使它们在各自的语义框架中更容易彼此激活。因此也只有具有这样特点的中心语名词和小句谓词才可以互相连结，构成附加语空位旁格关系句。

第二章讨论了名词补足语小句（自指结构）中存在事件义无空位

定语小句，其中表示条件关系的事件义无空位定语小句和附加语空位工具、材料关系句；表示处所关系的无空位定语小句和附加语空位处所关系句语义上存在相似性。前者的中心语都是小句所描述事件的凭借；后者的中心语都可以看作小句所描述事件的空间背景。但事件义无空位定语小句和附加语空位旁格关系句在句法和语义上有明确的区分：前者的中心语不能作为小句的话题出现，且"的"字结构不能独立转指中心语；而后者的部分中心语可以作为小句话题，且"的"字结构可以独立转指中心语。例如：

（42）a. 获得成功的条件 → *那个条件，获得成功。→ *那个条件是获得成功的。
　　　b. 妈妈切菜的刀 → 那把刀，妈妈切菜。→ 那把刀是妈妈切菜的。

更重要的是，事件义定语小句的中心语属于抽象名词，其语义内部包含着一个隐含谓词，定语小句是名词内部事件论元在句法上的实现（这一点将在第五章具体说明）。而附加语空位旁格关系句的中心语无一例外都是个体名词，指向个体或一类事物，并不具备携带事件论元的能力。并且，虽然附加语空位处所关系句的中心语和处所类事件属性名词都具有空间意义，但前者在生成过程中起到主要作用的并非处所和事件空间上的联系，而是功用联系。

因此，四类附加语空位旁格关系句的生成机制与事件属性名词义定语小句不同，这四类附加语空位旁格关系句并不是依赖名词单方面的语义控制生成的，而是由小句中的动词论元结构和中心语名词物性结构中的功用角色互相匹配产生的。尤其是四类附加语空位旁格关系句都可以在中心语不出现的情况下进行转指，更加说明动词的语义和论元结构在这类关系结构生成中的重要作用。因此我们可以确定：附加语空位工具、材料、处所论元均是通过常规化的"功用义"与小句动词建立功用语义关系，为关系小句和中心语论元关系的识解提供了路径和依据。小句表示抽象事件的倾向和结构内部的语义限制与主宾语关系句不同，源于其与主、宾语关系句形成条件的根本差异。

3.6 功用义的凸显对关系小句的系统性影响

旁格中的与事、对象、来源、终点、伴随（个体名词）等成分虽然也通过介词引导，却与工具、材料、处所和关系名词做伴随成分不同，即使当这些成分与小句所述事件之间具有固定、惯常的联系时，依然无法构成合格的附加语空位关系句。[①] 例如：

（43）a. 我总是跟妈妈聊天。→ *我聊天的那个人
　　　b. G6706 次列车从石家庄开往北京。
　　　　→ *G6706 次列车开往北京的城市
　　　　→ *G6706 次列车从石家庄开的城市

那么，我们面临的另一个问题就是：为什么旁格论元中只有工具、材料、处所和部分伴随成分可以实现附加语空位关系句，而其他旁格结构则严格遵守名词关系化可及性等级，只能采用更加复杂的复指策略来生成关系小句？根据 3.5 节中的分析，工具、材料、处所、伴随成分均是通过功用义来与关系小句取得语义联系的，而与事、对象等旁格论元很难与小句事件建立功用关系。那么，可以认为汉语各类旁格关系句以中心语和小句能否建立功用关系为标准，分为两类：能够与事件建立功用关系的工具、材料、处所、伴随论元，可以凭借

---

① 这些旁格成分虽然不能实现为附加语空位旁格关系句，但可以通过代词回指实现有标记的旁格关系句。例如："妈妈跟他说话的那个人"。

功用义形成附加语空位关系句；而其他与事件间不具有功用联系的旁格成分则不能。那么，"功用义"的特殊性就是形成两种旁格关系句关系化机制的根本原因。

事实上，汉语名词的功用义的确具有独特的价值。宋作艳（2016）从词汇层面挖掘了功用义在名词范畴化、语义分类、词义辨析等方面的重要性，认为功用义是名词物性角色中的核心，具有语言和语言学价值。功用义在附加语空位旁格论元的形成中起到的作用进一步说明了功用义在句法层面同样存在系统性的影响。即使是属于缺乏固有功用角色的自然类名词，如"树枝、石头、空地"等，也同样可以依据其构成角色的特点，并在人类经验与社会文化的影响下具备附加功用义，例如"支、垒、打棒球"等。而人造类和合成类名词则通常在附加语空位旁格关系句中表现出它们的固有功用义，即这些名词被制造出来的目的。由于功用角色在名词物性角色中处于核心地位，在关系句形成的过程中，可以和事件建立功用义的工具、材料、处所论元就会表现出类似于关系名词的特征。它们可以通过自身固有、常用的功用角色联系一个事件，即使小句中不具备复指成分和范畴标记，依然能够和关系小句取得功用义的联系。Comrie（1989：163）提到，一种语言可能会使用多类关系化策略，其中越易取得句法联系的成分会倾向于使用简单的关系化策略，比如无格标记的空位策略；而不易取得句法联系的成分则使用更加复杂的关系化策略，比如有格标记的代词回指策略，以便更明确地表达名词和小句动词的关系。工具、材料、处所、伴随论元作为小句的旁格成分，从句法关系来看，它们和其他旁格成分一样，并不能够使用无标记这种"不明确"的关系化策略；但从语义上来看，能和小句谓词建立功用义关系的工具、材料、处所、伴随论元相对于其他语义角色和小句之间的语义联系更加紧密，因此能够在特定条件下形成附加语空位、无标记的关系小句。

因此，在功用义的影响下，汉语旁格成分的关系化类型产生了分化：大部分旁格成分符合名词可及性等级规律，由于在句法结构中内嵌较深、移位过程中需要跨越更多句法节点，需要使用有格标记的代词回指策略；二是通过功用义凸显，可以直接和小句动词取得语义联系的工具、材料、处所、伴随论元，它们可以采用更简洁的无格标记的策略，同时也不在句法中留有必有论元空位。

功用角色用以修饰名词的优势性不仅体现在工具、材料、处所、伴随论元特殊的关系化类型上。从动名偏正构词到动名偏正短语，功用角色用来修饰名词的情况都要多于其他动词物性角色。Song & Qiu（2013）考察了包含动词语素的名词复合词，其中 VN 型复合词中以 V 为功用角色的情况最多，也更为能产，比如"卧室、砍刀、救护车"。孟凯（2018）考察了三音节动名偏正复合词的构成情况，发现这类结构以双音动词加单音名词模式为主，并且双音动词大部分都凸显了事物的功用特征，都是从功用的角度对单音节名词进行分类、限定和修饰的。尹世超（2002）则从动词做定语的角度主要考察了双音词动词修饰双音名词的偏正结构，同样发现其中以工具或材料名词充当的工具中心语比例相对更大、成词率更高。由此可见，功用义或名词的功用角色在词汇和句法层面都极易用来对名词进行修饰。

Song & Qiu（2013）、宋作艳（2016）认为功用义作为名词的普遍特征，很容易用来对名词进行范畴化。范畴化是人类对世界万物进行分类的一种认知活动，是人类形成概念的基础。范畴化的过程中首先形成基本范畴，在此基础上，可以通过更加精细的区分形成下位范畴。修饰语的主要功能就是对名词所指事物进行范畴化。功用角色编码了实体的特定功能，是连接人与事物的最重要的活动。因此，功用角色在下位范畴的指称中具有广泛影响。并且，由于功用活动与名词之间往往存在固定性和专门化的特征，因此附加语空位工具、材料、处所关系句通常表示惯常性，带有属性修饰语倾向。

Carlson（1977）提出了属性谓词和事件谓词的概念。属性谓词表示稳固特征，而事件谓词描写事物的行为和状态。据此，Svenonius（1994）提出英语修饰语中存在属性修饰语和事件修饰语的区分，前者在语义上指向固定特征，后者指向暂时的、阶段性的特征。之后，Larson & Takahashi（2007）发现，韩语、日语、汉语和土耳其语中都存在着这两种修饰语的差别，并且这种差别不仅仅是语义上的差异，在句法表现上亦有所不同。Del Gobbo（2005）、Larson & Takahashi（2007）、Lin（2008）将这种不同总结为：当属性修饰语和事件修饰语同时出现时，属性修饰语通常距离名词中心语更近。即属性修饰语出现在名词的近端，事件修饰语出现在远端[①]。例如：

（44）a. 开往北京的、运化肥的车
　　　 b. *运化肥的、开往北京的车
（45）a. 藏在阁楼中的、作画的石绿染料
　　　 b. *作画的、藏在阁楼中的石绿染料
（46）a. 失了火的那间放家具的屋子
　　　 b. *放家具的那间失了火的屋子

例（44）—（46）表明，在与典型的事件修饰语共同修饰名词时，附加语空位旁格关系句需要出现在名词近端，属于属性修饰语。附加语空位旁格关系句和主、宾语关系句之间的差异不仅反映在关系小句内部的一系列特征上，同时也反映在附加语空位旁格关系句的语义属性上。这一点与功用角色范畴化的功能密不可分。功用角色构成的修

[①] 无论在内层还是外层，伴随成分关系句都很难叠加修饰中心语。例如：*他跳舞的、戴着蝴蝶结的舞伴／*戴着蝴蝶结的、他跳舞的舞伴。

饰语更容易被分析为表示固定属性的修饰语。

在第二章 2.3.3 节中,附加语空位工具关系句与宾语关系句可以互相叠加修饰中心语名词,且二者可以互换,我们转引第二章例(31)如下:

(47) a. 妹妹拿着玩儿的、妈妈晾衣服的那条绳子
　　　b. 妈妈晾衣服的、妹妹拿着玩儿的那条绳子

虽然例(47)b 中附加语空位工具关系句可以出现在宾语关系句"妹妹拿着玩儿的"之前,但这里"妹妹拿着玩儿"在语义解读上并非是"绳子"的暂时特征,更容易被理解为"绳子"的常规功用性特征。因此,功用义关系小句作为属性修饰语的倾向并不只出现在附加语空位旁格关系句中,由功用义带来的这种语义影响同样实现在宾语关系句中。无标记旁格关系句以中心语的间接功用角色作为小句的谓词,而以直接功用角色作为小句谓词的宾语关系句同样具有属性修饰语的解读倾向。例如:

(48) a. 专家推荐的、小学生读的书
　　　b.? 小学生读的、专家推荐的书

对于名词"书"来说,"读"是其直接功用角色;而"推荐"则是"书"的处置角色。例(48)中"推荐"和"读"都属事件谓词,它们构成的关系小句应该均为事件修饰语,但功用角色"读"构成的修饰语更容易处于内层(例(48)a),在理解上也更倾向于属性修饰语。类似的情况还有例(49),其中中心语"奶粉"的直接功用是"喝";动词"买"是"奶粉"的处置角色。通过例(49)a、b 两例的对比,可以发现具有功用联系的"喝的奶粉"会优先被理解为属性修饰语,也要求出现在修饰语的内层。

（49）a. 老李买的、婴儿喝的奶粉
　　　b. *婴儿喝的、老李买的奶粉

功用义关系小句解读为属性修饰语的倾向同样影响着以"人"作为中心语的主语关系句。汉语主语关系化可以形成属性修饰语也可以形成事件修饰语。例如：

（50）a. 喜欢踢足球的人
　　　b. 正在踢足球的人

例（50）a 描述的是中心语固有、稳定的属性，属于属性修饰语；（50）b 描述的是暂时特征，属于事件修饰语。在主、宾语关系句中，属性修饰语通常是由属性谓词构成的，比如"喜欢"；而事件修饰语则有比较明确的时间特征，由事件谓词构成，指向某一时间的暂时属性。比如"正在"和"踢"。有趣的是，事件谓词构成的关系小句有时会根据谓词语义的不同，分别产生"事件修饰语"和"属性修饰语"两种解读倾向。例如：

（51）a. 看电视的人
　　　b. 卖电视的人

例（51）中，"看电视"和"卖电视"都属于事件谓词。但当它们作为关系小句修饰中心语名词"人"时，"看电视的人"更倾向于描述某个人的暂时属性，比如"某个人正在看电视"；而"卖电视的人"却更倾向于描述某个人的固定属性，即"卖电视"是这个人的职业。即使他现在正在进行其他活动，依旧可以称之为"卖电视的人"。由此可见，即使中心语是不具备固有功用义的自然物"人"，一旦能够与关系小句取得功用义的联系，取得"职业"的解读，由事件谓词构成的小句就会倾向于成为属性修饰语。作为属性修饰语，这类功用义主语关系句可以出现在判断结构中，描写主语的固定属性。例如：

（52）a. ? 那个人是看电视的。
　　　b. 那个人是卖电视的。

不仅如此，和中心语间取得功用义的主语关系句，还允许作为联合谓项（co-predication）。例如：

（53）a. * 那个人是看电视的，也是听音乐的。
　　　b. 那个人是卖电视的，也是修电视的。

根据 Pustejovsky（2006）、宋作艳（2016）给出的区分"人造类、合成类"和"自然类"名词的测试，"自然类"名词不可以做联合谓项，而"人造类、合成类"名词则可以。例如：

（54）a. * That is a dog and a cat.
　　　b. She is a mother and a teacher.

而功用义正是区分人造类/合成类和自然类的核心标准。由此可见，功用义关系小句不仅带有属性修饰语的解读倾向，还可以将指"人"名词短语的语义从自然类转换为人造类。

可见名词功用义的凸显对汉语关系结构产生了系统性的影响。在句法上，由于只有功用角色可以与名词取得密切联系，因此旁格成分依据能否与小句动词产生功用义联系分为两类：工具、材料、处所论元可以与常用功用角色构成附加语空位关系结构，特定的具有固有功用义的名词作为伴随成分时也可以生成附加语空位结构；而其他旁格成分与动词之间缺乏紧密的语义联系，因此只能使用复指策略生成有标记的关系小句。而在语义上，由于功用义在名词范畴化上的重要影响，所生成的附加语空位旁格结构绝大部分带有属性修饰语的语义特征，而这种明显的倾向还表现在以"人"为中心语的主语关系句中：当小句谓词和指人中心语可以取得"职业"（功用义）的解读时，小句倾向于被识解为属性修饰语，整个名词结构所指具有"人造类、合成类"的名词类型特征。

3.7 小结

在汉语中通常作为旁格成分的工具、材料、处所、伴随论元可以实现无标记的附加语空位关系句。这种表现既不同于主、宾语关系句，也与同属旁格的对象、起点等论元的关系化过程相异。由于工具、材料、处所在句子中可以充当多种句法成分，因此，由其作为中心语的关系小句来源复杂。我们通过一系列句法特征，将作为旁格的工具、材料、处所、伴随论元所构成的附加语空位关系结构离析出来，并发现这四类附加语空位关系句均具有描写惯常性事件的倾向，小句中的动词和中心语名词间具有密切的功用联系。在此基础上，我们认为这四类附加语空位旁格关系句的形成方式是通过中心语名词和小句谓词之间构建的常规功用义相互联系，形成修饰结构。汉语中"功用义"的凸显对关系小句的生成机制具有重要影响，根据能否取得功用义解读，旁格关系句可以分为附加语空位关系句和代词复指关系句两类，部分能够取得功用义解读的伴随成分也可以形成附加语空位关系句。另外，功用义在名词范畴化上的重要作用也系统地影响了关系小句语义性质的倾向：凡是具有功用义关系的关系结构都会优先解读为属性修饰语。

构成成分的语义特征往往能够影响到语法结构的合法性，例如"自主、非自主"是动词能否进入祈使句的条件（马庆株 1988/2002，袁毓林 1993），名词的生命度特征可以影响主被动句转换的合格性（Croft 1990：138—139）。功用义作为名词和动词互动而生的意义，在名词修饰性结构中表现出了重要的影响。但名词和动词之间的功用联系需要达到何种紧密程度才能够促使附加语空位关系句的产生，我们暂时无法给出明确的限制。除功用角色外，某些名词的施成角色也可以触发附加语空位关系句，例如"工厂冷却机床的废水、放外债的利息"。这类表结果的关系结构与名词本身的意义中对施成角色的凸显有关。对这两例的中心语进行替换变为："工厂冷却机床的水、放外债的钱"，则可以使表结果的关系结构变为附加语空位工具关系句。施成角色和结果关系在关系结构形成中起到怎样的作用本书尚未能涉及，但关系结构的这些表现显示出，名词的语义对修饰结构的形成、句法限制、解读倾向等方面都具有重要影响。

第四章 依附义与领属关系小句的限制条件

——兼谈语用功能对关系小句合格性的影响

4.1 引言

第二章中提到定语小句中心语可以通过小句内部的名词性成分,与整个小句取得语义、句法上的联系,形成"伪无空位定语小句"。这类结构的中心语在定语小句中的空位是由小句中名词性成分所激活的。在这一结构的典型情况里,中心语和定语小句内部名词通常具有"整体-部分""属性-主体"以及"亲属"关系,也即关系小句内部名词通常为袁毓林(1994)所定义的"一价名词"。我们将第二章2.2.3节例((9)a、(10)a、(11)b)重引如下:

(1) a. 面积等于45平方厘米的三角形
b. 三个边相等的三角形
c. 父母在外打工的小孩[就只能和爷爷奶奶一起生活。]

但同时,实际语料中还存在非一价名词形成的定语小句结构:这些名词可以作为主语,通过领属关系使定语小句和中心语间建立句法、语义联系。例如:

(2) a. 彩旗飘扬的广场 → 广场上的彩旗[在]飘扬。

b. 植物茂密的山丘 → 山丘上的植物［很］茂密。

c. 西装笔挺的中年人 →（那些）中年人的西装［是］笔挺［的］。

许余龙（2012、2015b）通过对汉语领属成分关系化策略和空代词回指领格先行语的研究，发现汉语的主语领格成分允许采用空位策略进行关系化，并且其关系化的容易程度甚至高于宾语；但宾语属格成分则不允许空位关系化，只能使用代词复指策略。不过，在实际语料中可以发现：大量主语领格成分关系化十分受限。例如：

（3）a. 广场上的孩子们在嬉闹。→ *孩子们嬉闹的广场

b. 山丘上的凉亭很精致。→ *凉亭精致的山丘

c. 那个中年人的水杯很漂亮。→ *水杯（很）漂亮的中年人

例（2）和例（3）中，虽然中心语名词不变，且其与关系小句主语均保持着领属关系，但例（3）a—c各例均不合法。这说明汉语领属成分的关系化并不完全自由，相对于主语、宾语等句法成分，其关系化过程存在着较大限制。例（2）、（3）的对比反映出小句主语和中心语间领属关系的细微差异可以影响整个修饰结构的合法性；同时，关系小句中谓词成分的语义区别也可以限制小句的合格程度。例如：

（4）a. 西装笔挺的中年人

b. *西装昂贵的中年人

例（4）显示小句谓词的变化同样影响领属成分关系化的合格性。由此可见，名词性领属结构"$N_{领}$ + 的 + $N_{属}$"的关系化条件受$N_{属}$的语义特点、$N_{领}$和$N_{属}$间的领属关系以及关系小句谓词的句法、语义特点

影响。基于这一语言事实，本章将着力讨论领属关系小句的句法、语义限制，并回答在何种条件下，以领属成分作为关系小句和中心语关联条件的结构可以构成合格的句法形式。

在进入具体讨论之前，有必要在此对"领属"这一关键概念进行定义，以作为后续讨论的前提。领属关系作为人类语言中普遍存在的句法关系，在类型学研究和汉语研究中均有丰富讨论。但"领属关系"的语义概念和边界却很难确定（Heine 1997，张敏 1998），大量文献试图将领属关系进行语义分类，但分类方案莫衷一是，类别数量从三类到二十几类不等（朱德熙 1982，沈阳 1995，Heine 1997，张敏 1998，陆俭明 2002，Dixon 2010）。汉语中专门表达领有义的句法结构包括："NP_1 的 NP_2、NP_2 属于 NP_1、NP_1 有 NP_2"等。其中，作为短语结构出现的领属结构只有"NP_1 的 NP_2"这一种类型。本章讨论的主要是这类结构。在这一句法结构下，汉语可以表达 NP_1 和 NP_2 之间的多种领属关系（张伯江 1994，沈阳 1995）。虽然领属关系的内涵和外延都不易界定，但类型学家普遍同意领属关系具有原型特征。Taylor（1989）通过八类特征描述了 $N_{领}$ 对 $N_{属}$ 的控制关系，作为领属关系的原型特征。廖秋忠（1986）则使用了更加宽泛的领属关系定义，认为当两个名词 A 和 B 具有如下关系："B 或为 A 的一个部件/部分，一个方面/属性，或为与 A 经常共现的实体、状态、事件，A 为 B 提供了进一步分解 A 或联想到 B 的认知框架。"即可认为 A 和 B 具有领属关系。本书采用这种广义的领属关系定义。除此之外，确定"$N_{处所}$-$N_{主体}$"间是否具有"$N_{领}$-$N_{属}$"关系对本章的讨论至关重要。Lyons（1967）、Clark（1978）、Croft（1990）、胡旭辉（2009）均认为存在、处所、领属三种范畴间密切相关，从历史演变、句法特征和语义联系来看，它们都来源于处所范畴。领属范畴中的领有者是有生的处所，领有是处所范畴的次范畴。我们在下面的讨论中将会发现，在领属关系小句中，处所范畴的表现和领属范畴非常相近，并且可以得到一致的解释。因此本书将"N$_{处所}$-N$_{主体}$"间的关系同样处理为领属关系讨论。

领属结构关系化的情况非常复杂，由于"N$_{领}$的N$_{属}$"中两个名词的语义关系以及关系小句的谓词成分的语义限制均会影响领属关系小句的合格性，下文将依据关系小句谓词类型将小句分为两类，分别讨论形容词谓语和动词谓语关系小句的具体表现。

4.2　N$_{属}$+Adj+的+N$_{领}$：句法、语义条件限制

基于关系小句谓词的性质，我们首先将领属关系小句区分为谓词为形容词和谓词为动词的两类结构。因为在实际语料中可以发现，谓词为形容词的领属关系小句在数量上明显多于谓词为动词的例子。以本书在CCL语料库中收集的125例领属关系小句为例，其中共98例（78.4%）为形容词谓语关系小句。并且，形容词谓语小句在语义限制上也更加严格，其主要原因在于谓语为动词的关系小句中通常会出现事件性意义，而事件性定语要比属性定语更加自由。这一点我们会在4.5节中着重讨论。在形容词做谓语的关系小句中，形容词均描述N$_{属}$，因此领属关系小句是否合格主要由N$_{领}$和N$_{属}$之间的语义关系决定，相对而言比较单纯。所以我们先从这类结构入手。

4.2.1　N$_{属}$的无生性

首先可以发现，当N$_{属}$为有生时，N$_{属}$+Adj+的+N$_{领}$结构无法成立。例如：

（5）a. 小李的兔子很可爱。→*兔子很可爱的小李/人
　　　b. 王老师的学生很努力。→*学生很努力的老师/人

c. 这本书的作者很有名。→？作者很有名的书

在表现"人领-人属""人领-动物属""物领-人属"的领属关系中，无论这种关系是"属于"（例（5）a）、"社会关系"（例（5）b）还是"角色关系（隐含施事关系）"（例（5）c），作为被领有者的有生实体均不能出现在关系小句的主语位置。通常情况下，（5）b、c中的"学生"和"作者"会被视为一价名词，它们本身可以为另一个名词提供论元空位。但在形成关系小句的过程中，它们与表示"整体-部分"和"主体-属性"关系的一价名词并不相同。此外，即使例（1）中我们提到一价名词中的亲属关系名词可以实现为领属关系小句，但这一类中被领属者为"人"的情况也极为受限。因为我们发现，除了一价名词"父母"可以作为领属关系小句的主语出现外，其他亲属名词都很难实现。例如：

（6）a.？妈妈聪明的孩子

b.？爸爸富有的人

c.*妹妹漂亮的男孩儿

d.*儿子不听话的父母

作为主语出现的部分类一价名词和属性类一价名词，都可以比较自由地生成领属关系小句。但亲属关系名词在这一类型中则受到较大限制，大量亲属关系名词生成的关系小句自然度普遍较低。我们认为，无论是（5）a中的非一价名词被领有者还是（5）b、c和（6）中的一价名词被领有者，凡是具有[+有生]特征的被领有者都很难实现关系化。这一特点应该与长距离约束的限制有关。因为这一现象并不是孤立的，陆烁、潘海华（2014）在讨论领属话题句时发现了类似现象：与属性名词和部分名词不同，亲属名词的领有者很难实现话题化。

例如：

(7) a.？张三，我认为妹妹很漂亮。
　　b.＊小张我看见了爸爸。

陆烁、潘海华（2014）认为亲属名词在一价名词中表现特殊的原因在于亲属称谓具有高度"自我中心"的特征，其领有者倾向于被解读为说话者，因此当领属语脱离之后，亲属词的领有者将倾向于叙述者"我"。因此亲属名词的领有者较难实现话题化。而在领属关系小句中，亲属名词同样具有这样的表现，形成了和话题化一致的情况。

而对于N$_属$并非亲属名词的例（5）来说，带［＋有生］特征的N$_属$虽然不具有"自我中心"特征，但同样不能出现在关系小句中构成领有成分。因此N$_属$的无生性是领属关系小句结构中一项比较突出的特点。

4.2.2　N$_属$的附着性

除了带有生特征的N$_属$不能进入领属关系小句外，大量具有领属关系的无生N$_属$也不能进入这一格式。例如：

(8) a.？说明书详尽的机器
　　b.商标模糊的机器
(9) a.？抽屉实用的书桌
　　b.油漆斑驳的书桌
(10) a.？海报精美的图书
　　 b.腰封精美的图书

无论从可让渡／不可让渡抑或领属双方密切程度来看，例（8）、

(9)、(10)中的 a、b 两组中的 N_领和 N_属之间的关系都没有明显差异。例(8)中"说明书"和"商标"对于机器来说均不可让渡;例(9)中"抽屉"和"油漆"都是"书桌"的一部分;例(10)中"海报"和"腰封"则更类似于一价名词,在语义上是不足的,都需要依存于"图书"。但这三组例子中,b 例在句法合格性上要明显优于 a 例。通过更为细致的观察,我们发现,b 例与 a 例的区别在于,b 例中 N_属与 N_领之间的空间距离相对更近,即 N_属是附着于 N_领之上的,并且在一定的时间段内不会与 N_领分离。也即当 N_属与 N_领之间构成空间上的相对稳定的附着关系时,才有可能生成更加合格的领属关系小句。这一点在例(11)和(12)的对比中更加明显:

(11) a. 外套一尘不染的中年人
　　　b. 衣服整洁的小学生
　　　c. 妆容精美的妇人
(12) a. ?办公桌一尘不染的中年人
　　　b. ?床铺整洁的小学生
　　　c. ?挎包精美的妇人

例(11)、(12)中,N_属均不是典型的一价名词,其与 N_领之间为可让渡的领属关系。但由于例(12)中的 N_属与中心语"人"之间存在着空间距离,无法形成稳固的附着义。可见 N_属能否附着于 N_领是领属关系小句是否合法的重要语义条件。由此我们发现,在合格的领属关系小句结构中,N_属和 N_领之间的关系并不像 Taylor(1989)定义的典型领属关系那样具有控制和占有的特征,也不以密切程度作为依据,如例(8)中的"说明书、商标"和"机器";例(11)b 中的"衣服、床铺"和"小学生",在领属关系的密切程度上都没有明显差异。但 N_属(商标、衣服)和 N_领(机器、小学生)间的附着关系,可以显示出合格的 N$_属$ 和 N$_领$ 通常具有"处所"关系而非简单的"属于"关系。此外，通过对实例中领属关系小句结构的观察，我们发现，其中表"主体－处所"的情况占据比较大的比例，证据是在98例领属关系小句（谓词为形容词）实例中，中心语为处所名词的占到接近一半的数量（42/98，42.86%）。例如：

（13）a. 植物茂盛的山丘
b. 地板光亮的大堂
c. 家具考究的屋子

带有附着特征的被领有物可以进入领属关系结构中，这一点不仅表现在中心语本来就是处所名词的情况下，还表现在中心语是其他实体名词的情况中，如例（9）—（12）。除此之外，我们认为一价名词中的"整体－部分"名词实际上也表现为附着关系。由于"部分类"名词通常是主体不可分割的一部分，因此其与整体间具有很强的附着性，这种附着义也许是"整体－部分"类一价名词能够构成领属关系句的主要原因。

4.2.3 N$_属$ 的抽象性

虽然附着义可以影响 N$_属$ 的允准情况，但领属关系结构的自然度还受到 N$_属$ 中的其他语义因素制约。对比以下各例：

（14）a.？松树苍劲挺拔的山丘 vs. 树木苍劲挺拔的山丘
b.？上衣整洁的学生 vs. 衣着整洁的学生
c.？衣柜考究的房间 vs. 家具考究的房间

例（14）中同组中各例均可与其中心语构成附着关系，但"松树、上衣、衣柜"作为 N$_属$ 的合格性和自然度都较低，而"植物、衣着、家具"合格度则明显更高。其中,"植物、衣着、家具"可视为"松树、上衣、衣柜"的上位范畴,而后者则属于生活中的基本范畴。通常认为,与基本范畴名词相比,描述上位范畴的名词更具抽象性特征。Joosten(2010)认为说话人采用上位范畴名词[①]时是有意降低个体成员的突显程度,而着重表达成员间抽象出来的相似属性,因此往往是一种非特指(non-specific)的用法。所以对上位范畴名词的使用实际上是关注属性多于关注实体。当关系小句用以描述中心语的某种属性时,关系小句就更容易成立。但作为基本范畴出现的事物通常具有更高的个体性所指,可见所指明确、个体性较强的成分较难进入领属关系小句。这一点也可以解释例(2)b、(3)b中的同样与"山丘"构成附着关系的"植物"可以作为领属关系小句的主语,但"凉亭"却不行。因此,可以认为带有非个体性的名词性成分更容易成为 $N_属$ 进入领属关系小句结构。同样,一价名词中的"属性类"名词具有很强的抽象性,这类名词与中心语之间形成的领属关系小句可能与"属性类"名词的抽象性有关。

另外,带有个体特征的名词在形容词"多、丰富"的配合下,也可以进入领属关系小句。例如:

(15)a. 松树很多的山丘
　　b. 雕塑很多的大堂
我们认为这是由于谓语"多"直接赋予其主语类指的指称特征

[①] Joosten(2010)区分了三类名词:集合名词、总计名词和上位范畴名词。其中集合名词与后两者间存在明显的语义差异,包括成员不可增加、成员非连续等,但后两者在区分时依据的语义特征比较模糊。比如作者认为 furniture 比 vehicle 内部成员的连续性更强,原因是 furniture 是不可数名词,而 vehicle 可数。因此 furniture 属于总计名词,而 vehicle 属上位概念名词。我们认为对于汉语而言解释力不强,因此在本项研究中将二者统一为"上位范畴名词"。

（刘丹青 2002），而类指通常更侧重于所指的内涵而非外延，因此降低了个体性，增加了非个体性，使名词倾向于表示更加抽象的属性意义（刘丹青 2002，王珏 2005）。

4.3　影响领属关系小句合格性的语义条件

在 4.2 节中，我们讨论了谓词为形容词的领属关系小句的特点。在此种结构中，由于谓词仅能与主语（N$_属$）取得联系，无法与中心语（N$_领$）取得联系，因此在这种结构中最容易抽取出 N$_属$ 和 N$_领$ 在领属关系小句中的允准条件。我们将得到的语义要素总结为［－有生］、［＋附着］、［＋抽象］。这三点要素反映出了 N$_属$ 和 N$_领$ 的关系。

4.3.1　无生性、抽象性与名词的依附义

［－有生］和［＋抽象］在语义上具有明显关联。在大量有关名词话题性或显著性的研究中，均发现句子内部的名词在语篇中的突显主要反映在其话题性上，突显的名词具体表现为名词在语篇中的激活程度高、在后续句中的延续距离长、与同句中其他名词所指实体相比更具成为话题的潜力（Givón 1976）。因此，名词的话题性是衡量名词所指个体在语篇中作为独立参与者的能力。当某个名词的显著性越强，其所指的实体就会作为独立个体得到突显；而名词的显著性越弱，其所指的实体或概念就越难具有独立性，通常是作为依附于某个突显主体的背景信息出现。

根据 Hawkinson & Hyman（1974）、Givón（1976：152）、Hopper & Thompson（1980）、Deane（1987）、胡建华（2010）、Korzen（2015）等研究，名词的显著性（话题性）与名词本身的语义或形式具有密切关系，名词的词汇形式、指代内容、指称形式、数量形式均对其显著

性（话题性）有影响，可将其称之为名词显著性的强弱。具体表现如下表：

表 4-1 影响名词显著性的特征 [1]

	显著	不显著
指代形式	代词（第一、二人称 > 第三人称）	名词
指代内容	有生（人 > 动物）	无生（具体 > 抽象）
数量形式	可数（单数 > 复数）	不可数 > 集合
指称形式	定指	类指 > 不定指 > 无指

根据表 4-1，能够在领属关系小句中充当主语的 $N_属$ 明显具有低显著度的特征，主要表现为 $N_属$ 的无生特征和抽象特征。虽然部分抽象名词，如"植物、衣着、家具"等并不具有典型的一价名词的表现，但仍可以作为领属关系小句的主语，与中心语建立领属关系。可见抽象性是领属关系小句中的 $N_属$ 的典型条件。除此之外，其他抽象名词同样可以建立领属关系小句，在语义上依附于中心语名词。例如：

（16）a. 日子艰难的失业者
　　　b. 环境良好的学校
　　　c. 时间充裕的考生
　　　d. 工资很高的企业
　　　e. 交通便利的小区

---

[1] 本表主要参考 Hopper & Thompson（1980），具体内容根据其他参考文献进行了增添。原文将这些特征所定义的概念概括为"个体性"（individuated）和"非个体性"（non-/less-individuated），但后续研究基本均以这些特征讨论名词的显著度和话题性，而个体性则更多与指称相关，因此我们在此将这些特征所反映的概念称为显著性。

例（16）中作为主语出现的名词均不是典型的一价名词，它们可以与中心语产生领属上的联系，但这种联系并不包含在词汇本身的意义中。但这些名词并不指向定指性的实体，而是作为抽象的概念，可以描述中心语所指事物某一方面的属性，从而与中心语产生依存关系，形成合格的领属关系小句。在"N$_{属}$+Adj+的+N$_{领}$"结构中，关系小句通常用以描述中心语名词某方面的稳固属性，这就要求N$_{属}$能够描述或代表N$_{领}$的特点，具有描述性特征。施春宏（2002）将名词的语义结构区分为关涉性特征和描述性特征，并认为描述性特征是名词的稳固特征，是名词语义中表示特性的部分。并且关涉性特征在具体名词中表现显著，而抽象名词主要表现为描述性特征。在领属关系小句中与描述性功能契合的N$_{属}$更倾向于抽象名词，因此具备这种意义的抽象名词更容易得到该结构的允准。

4.3.2　附着性与名词的依附义

带有［+附着］特征的名词并不必然是低显著性的抽象名词。如例（8）—（11）中的"商标、油漆、腰封、外套"等，包括大量的"整体－部分"类一价名词，它们具有附着特征，全部指向特定实体。能够与中心语建立"处所－主体"关系的名词，可以通过这种附着义与中心语产生语义依存关系从而形成领属关系小句。这是由附着义的特殊语言学意义所导致的。Fox（1981）通过跨语言的研究发现，整体－部分关系的实质是"临近/接触"关系（contiguous），而非"不可分离、不可让渡"等关系。这一点在句法上表现为传统中认为以整体－部分作为语义基础的句法结构，同样适用于可让渡但具有临近/接触关系的"领属物－领有者"。例如西班牙语中的领有者提升结构，通常出现在整体－部分义领属关系中：

（17）Le　　seco　　　　las　　lagrimas
　　　her　　he-dried　　the　　tears
　　　he dried her tears
　　　他擦干了她的眼泪。

但同样可以用于带有临近/接触关系的领有关系中。例如：

（18）Le　　veo　　　las　　enaguas
　　　her　　I-saw　　the　　petticoat
　　　I saw her petticoat on her
　　　我看见了她的裙子。/我看见了她穿在身上的裙子。

"裙子"和领有者之间一般不被认为具有整体-部分关系，但在西班牙语中，"裙子"和"她（的）"可以进入只有整体-部分义领有结构才能出现的领有者提升结构中。可见具有临近/接触关系的领有者和领属物很容易被感知为整体-部分关系，即使领属物本身的词义是自足的。空间位置上附着于某个主体的事物通常与主体具有紧密的依附关系，附着概念和整体-部分概念息息相关，附着物对于其附着主体具有语义上的依存关系。因此附着物常常可以用于陈述所附着主体的属性特征。

当然，并非所有的附着者都可以形成合格的领属关系小句。当附着者对于所依附的主体来说不太容易辨认或不是显著特征，且易被识别为定指个体时，其构成的领属关系小句会不太自然。例如上文中的例（14）：

（14）a. ? 洞穴阴森的山丘
　　　b. ? 雕塑奇伟的大堂
　　　c. ? 花瓶精致的屋子

例（14）中，当N$_属$在处所N$_领$中不太容易实现整体辨识时，整个结构的合格性较差。同样的，当中心语N$_领$为人时，N$_属$只限于"衣着、服装、妆容、服饰"等较容易被判断为领有者某方面属性的附着物（如例（11）），而"戒指、耳环、帽子、皮鞋"等较小的附着物，作为领属关系小句中的N$_属$出现时则会很不自然。通过这一现象，我们可以得出两点结论：首先，抽象性和附着性两对概念互相交织，共同在领属关系小句中产生作用，当名词的附着性极强时（比如不可让渡的一价名词），对于名词的抽象性要求不高，名词可以是定指的确定个体；当名词的附着性较差时（可让渡、可分离），名词还需要提高抽象性，才能使整个结构更加合法。

第二，抽象性和附着性是两对不同的语义概念，它们描述了领有者和领属物之间的不同关系。前者表现出领属物在内涵上对领有者的依存，即说话人需要通过实体来理解和感知领属物所表达的概念；后者则是通过空间距离上的依存关系来建立领属物和其领有者的依存关系。但二者均表现出了领属物对领有者的依附，具有抽象性和附着性的领属物缺乏突出且独立的识别性，需要依靠其领有者才能被人感知。由于抽象性N$_属$和附着性N$_属$的这种共同点，我们将其统称为"依附义"名词。

带有依附义的N$_属$能够进入领属关系小句也是由关系小句的基本功能造成的。由于这类领属物紧密依附于领有者，因此它们常常可以作为领有者的属性特征对其进行描写或限定，这种功能正契合了关系小句的基本功能：刻画属性（characterizing）和识别个体（identification）（Fox & Thompson 1990）。因此这类名词更容易构成"N$_属$+Adj+ 的 +N$_领$"的领属关系小句结构。领属关系小句需要对中心语的某个方面进行描述，为听话人提供中心语实体的属性和特征。那么能够进入关系小句的内容必然是说话人认为能够反映其属性、特征

的方面。这不仅限制了领属物的语义条件,同样也限制了小句中的形容词谓语的语义。例如:

(19) a. 地毯华丽的房间
　　　b.？地毯柔软的房间
(20) a. 衣着时尚的女明星
　　　b.？衣着昂贵的女明星

例(19)a、(20)a的关系小句对具有附着义的被领有物进行描述时,使用了非常直观的特征"华丽、时尚",即听话人可以通过直接的观感来确定这项特征。这就使得被领有物具有了较强的识别性,便于领有者的这一方面特征得到突显,足够帮助听话人辨识或了解,所以谓词所描述的语义必须是直观的,而且通常都是可见的。同时,例(19)a、(20)a中的谓词可以直接修饰中心语名词。比如"华丽的房间、时尚的女明星",但(19)b、(20)b中的谓词则无法直接修饰中心语名词。比如"*柔软的房间、*昂贵的女明星"。因此,能直接反映中心语属性的形容词"华丽、时尚"在这一结构中是合法的,而不能反映中心语某方面属性的形容词"柔软、昂贵"则不太合法。

4.3.3　依附义和一价名词、关系名词

从领属关系小句结构"N$_属$+Adj+的+N$_领$"中N$_属$的允准条件里,我们总结出了一类带有"依附义"的名词类。这类名词的语义结构中并不像一价名词[①]或关系名词一样强制包含对另一个名词成分的依存。

---

① 这里一价名词的概念为袁毓林(1994)中提到的"亲属、属性、整体-部分"三类。后续研究对一价名词的概念进行过其他讨论和界定,比如王伟超(2020)提出一价名词的句法表现可能并不是受限于一价名词的语义特征,而是与语境条件和认知规律有关,认为不可让渡和可凸显性是一价名词的实质。纳入语用功能后,一价名词的概念与本章的依附义名词具有很大的相似性。但王伟超(2020)提出这一概念的出发点与本章不太相同。

大部分依附义名词在词汇意义上是自足与饱和的，比如"衣着、植物、家具、时间"等；但另一方面，它们在语义上可以依赖于其领有者，由于它们和领有者之间通过词义或语境建立了比较亲密的领有关系，使这类名词可以用于描述其领有者某个方面的固定特征。因此依附义并不包含典型一价名词和关系名词中的亲属名词。亲属名词虽然强制性地与某一主体相关联，但亲属很难用于描述主体的某一方面特性，在语义或语境中极易被识别为个体名词，因此不是依附义名词。依附义实际上是一个混合了词汇意义（抽象性名词、整体-部分名词）、语境意义（临时建立的附着义）的名词语义类，其在句法上的典型分布是"N$_{属}$+Adj+的+N$_{领}$"结构的"N$_{属}$"位置。但同时，这一概念并非是为这个句法结构特设的语义类，它同时还可以解释汉语中多类句法现象。这一点，我们将在 4.4 节中详述。

4.4　依附义 N$_{属}$ 对领属结构的系统性影响

在上节中我们得出了依附义是领属关系小句允准条件的结论。本节讨论 N$_{属}$ 对于其他类型的句法结构的影响，通过下面讨论可以发现，附着义处所关系小句、准定语形成的关系小句、话题化结构，以及领有结构中领有者被回指的可能性都会受到 N$_{属}$ 依附义的影响。

4.4.1　附着义处所关系小句

依附义名词对于其所依附的处所名词可以进行属性刻画，这使得现代汉语中出现了一类特殊的关系小句。袁毓林（1996）、彭锦维（2005）都指出，汉语中的处所成分允许充当关系小句的中心语。例如：

（21）他挂了一幅画的客厅 [①]

例（21）中，中心语名词"客厅"是小句谓语"挂"的处所论元，构成了处所论元关系小句。能够形成类似例（21）结构的句子，均需要满足小句谓词"附着义"的条件。朱德熙（1978）通过句式变换的方法发现"在 NP$_{处所}$＋VP"结构中存在"附着义"的 VP，其变换句式有"（把）N$_{受事}$＋V 在 NP$_{处所}$""NP$_{处所}$＋V 着＋N$_{受事}$"两种。只有动词具有附着意义的"NP＋在 NP$_{处所}$＋VP"才能构成处所论元关系小句。例如：

（22）a. 妈妈绣了花的领子
　　　b. 老师写（满）了字的黑板
　　　c. 同学们摆（满）了花的教室
　　　d. 马夫人镶满了各种宝石的礼服长袍

在例（22）中，关系小句的施事主语可以出现，并且关系小句和中心语之间并非我们在第三章中提到的功用义关联。但这种结构中，中心语和关系小句之间往往存在着附着义的联系，关系小句中的谓词必须是附着义动词。非附着义的处所结构则不允许这种关系化操作。例如：

（23）a. 我们在桌上吃了饭。→ ＊我们吃了饭的桌子
　　　b. 同学们在舞台上表演了舞蹈。→ ＊同学们表演了舞蹈的舞台

在例（23）中，不带有附着义的"吃"和"表演"，不能够像"在黑板上写字"一样形成一个领属关系小句结构。另外值得对比的

[①] 引自袁毓林（1996）例（9）。

是，在第三章中我们提到的功用义触发的处所关系小句和附着义触发的处所关系小句有着鲜明的区别。对于功用义触发的处所关系小句，小句内部往往弱化时体特征，只有反复发生的惯常性意义。而附着义触发的处所关系小句则必须带有完成标记"了"，用来表示中心语已经具备小句所描述的附着性特征。并且，功用义触发的处所关系小句允许表示抽象意义的事件，即小句所描述的事件可能是并未发生的。比如商店中卖的"孩子吃饭的桌子"可以指中心语"桌子"具备"给孩子吃饭用"的功能，但这一功能尚未得到实现。但在"老师写了字的黑板"中，"老师写字"的事件必须是实际已发生过的。功用义触发的关系小句用于描述功能性和抽象事件，附着义触发的关系小句则描述已发生事件对中心语的特征的改变，尤其是视觉特征的改变，帮助听话者进行定指名词的识别。

附着义触发的处所关系小句的另一特征是 VP 中的宾语，也即通过附着义动词的操作后附着于处所中心语之上的"花、字、画、宝石"等，都必须具有不定指的指称特点。附着于中心语的名词一旦具有了定指特征，则不能进入该格式。例如：

（24）a.＊妈妈绣了那朵花的领子

　　　b.＊老师写（满）了那些字的黑板

　　　c.＊同学们摆（满）了那些花的教室

　　　d.＊马夫人镶满了那种宝石的礼服长袍

可见处所关系小句结构既要求小句表达附着义，同样也要求小句中的名词论元必须具备一定的抽象特征，通过小句中动词和名词的共同作用构建依附义，才能修饰处所论元。而实际上，根据前文论述，处所本身也是一种领有者，因此这类处所关系句其实也可以视为广义的领属关系小句。

4.4.2 准定语形成的关系小句

同样使用"的"字结构表示名词间广义领属关系的还有汉语中特殊的准定语结构,比如"他的老师当得好"和"你走你的阳关道"等。后者由于准领有者通常插入动宾结构的离合词中,准领属结构通常做宾语,而宾语的领有者角色很难出现在关系小句中心语位置。不过,在准定语做主语的结构中,大部分领属成分可以充当中心语。例如:

(25) a. 老李的京戏唱得好 → 京戏唱得好的人
　　 b. 小张的篮球打得好 → 篮球打得好的人
　　 c. 老张的饭做得好吃 → 饭做得好吃的人

前人研究发现,准定语结构的中心语实际上均具有无指特征,通常指领有者在某一方面的表现(沈家煊 2007,张翼 2018)。而类似结构中的真定语,也即中心语为有指时,则完全不能实现领属关系小句。例如:

(26) a. 小刘的(英语)老师当得好。→ *(那位)老师当得好的人[1]
　　 b. 小刘的(这双)鞋做得好。→ *(这双)鞋做得好的人

由此可见,准定语结构中领有者能够关系化的原因就是被领有者为无指名词,失去了个体性特征,成为了依附义名词,从而转化为主语的属性。因此被领属者对领属者的依附关系,即缺乏实体所表示的个体特征,才是领属关系小句的形成条件。

---

[1] 例(26)a表示"老师"为有指的情况,即小刘有一位英语老师,这位老师当得好。

4.4.3 领属成分的话题化

Pan & Hu（2008）讨论了汉语悬垂话题（dangling topics）的形成机制，认为如果述题中存在某个成分的语义空位，则会产生一个变量，如果话题所在的语义集合与述题中变量的可能选项所构成语义集合的交集为非空集，则悬垂话题可以得到允准。陆烁、潘海华（2014）聚焦于汉语悬垂话题中的一类：领属话题结构，进一步验证了"语义交集条件"。该文指出，当被领有者为语义不自足的关系名词时，领属话题可以得到允准；而被领有者为语义自足的名词时，领属话题结构不合法。例如：

（27）a. 小张，眼睛特别漂亮。
　　　b. *小张，汽车特别漂亮。

但同时，我们发现，部分语义自足的被领有者名词也允许构成领属话题结构，做述题的主语。例如：

（28）a. 那个女人，衣着漂亮。
　　　b. 那位诗人，日子穷困潦倒。
　　　c. 北边的山坡，植物非常茂盛。

能够出现在这类结构中充当被领有者角色的名词通常带有"依附义"的特征。这种特征同样可以使得作为主语的被领有者激活一个领有者的语义集合，与话题产生非空交集，实现汉语领属话题结构的允准条件。

4.4.4 关系化可及性等级与回指可及性

许余龙（2012）认为汉语领属成分允许关系化的一个重要依据

是主语领属成分允许后续句的零形回指。大量研究发现语篇中实体的回指可及性与关系化可及性遵循同一序列。我们认为领属关系小句所遵循的依附义限制规律，可以类推至回指可及性中。许余龙（2012，2015b）、蒋平（2017）发现，当前句主语为领属结构"N_领的N_属"时，后续句可以零形回指前句的主语（N_属），也可以零形回指前句的主语领有格（N_领）。但我们发现，当被领有者具有依附性时，后续句零形回指中心语和领属者时都比较自然；但当前句领属结构中被领有者为非依附义名词时，后续句只能零形回指前句的被领有者，而不能回指主语领格。例如：

（29）a. 艾老$_i$的衣着$_j$很不讲究，Ø$_j$几乎与十几年前的款式相差无二。

b. 艾老$_i$的衣着$_j$很不讲究，Ø$_i$甚至没有一套像样的西装。

（30）a. 公爵夫人$_i$的宠物$_j$活泼可爱，Ø$_j$最喜欢卧在阳台上晒太阳。

b. *公爵夫人$_i$的宠物$_j$活泼可爱，Ø$_i$轻轻地抚摸着它$_j$。

（31）a. 屋子$_i$里的家具$_j$异常破旧，Ø$_j$像是几百年前制作的。

b. 屋子$_i$里的家具$_j$异常破旧，Ø$_i$像是几百年没有人住过一样。

（32）a. 屋子$_i$里的桌子$_j$异常破旧，Ø$_j$像是几百年前制作的。

b. ?屋子$_i$里的桌子$_j$异常破旧，Ø$_i$像是几百年没有人住过一样。

（33）a. 老三$_i$的手指$_j$被切断了，Ø$_j$直接掉入了水中。

b. 老三$_i$的手指$_j$被切断了，Ø$_i$疼得满地打滚。

（34）a. 老三$_i$的儿子$_j$被打了，Ø$_j$疼得满地打滚。

b. *老三$_i$的儿子$_j$被打了，Ø$_i$心疼得流下了眼泪。

例（29）和（30）、例（31）和（32）、例（33）和（34）互成对照。例（29）中，"衣着"与"艾老"之间具有依附关系，因此（29）a、b两组后续句的零形回指指向前句主语"衣着"或前句领有成分"艾老"均可成立。但例（30）中"宠物"则不具有依附特征，因此后续句的零形回指只能指向前句主语"宠物"（例（30）a）而不能指向前句中的领有成分"公爵夫人"（例（30）b）。后两组中的"家具"和"桌子"以及"手指"和"儿子"的对比也同样适用于这一解释。

Ariel（1990）提出话题所指对象往往是最突显的实体，是认知主体的当前注意中心。话题性决定该实体能否作为主语被再次提及，话题性越高，指称对象的回指可能性越大，且越倾向于简略的指称形式，若连续以零形式表征，将构成典型话题链，在认知上高度连贯。

可见空位回指和关系化一样，显示的是小句内部成分显著性（话题性）的差异，话题性越强，能够关系化的可能性越强。而在句子中，主语位置更容易进行话题化，只有当主语成分（被领属者）的话题性降低（个体性降低），而领有者的话题性较高时，才更有可能实现领有者的关系化和话题化。

依附义对于关系小句的系统性影响体现在关系化过程的诸多方面，还体现了语篇空位回指的规律。依附义的实质是降低被领有者的个体性，从而降低名词显著性，最终实现领有者在句子中的高显著性，使领有者可以关系化为关系小句中心语或在后续小句中实现零形回指。

4.5 两类领属关系小句结构——关系小句的语义功能和语用功能

本部分首先讨论谓词为动词的领属关系小句结构，发现这类结构的N$_{属}$非常自由，不受"依附义"限制。之后讨论"N$_{属-依附}$+Adj+

的+N$_{领}$"和"N$_{属-非依附}$+VP+的+N$_{领}$"两类领属关系小句，发现它们在语篇分布上有明显差异，"N$_{属-依附}$+Adj+的+N$_{领}$"主要承担增加新信息功能，在这项功能中，"N$_{属-非依附}$+VP+的+N$_{领}$"很难替代"N$_{属-依附}$+Adj+的+N$_{领}$"。由此我们发现，"N$_{属-非依附}$+VP+的+N$_{领}$"通常要求"N$_{属-非依附}$"是旧信息或可辨识信息，因此"N$_{属-非依附}$+VP+的+N$_{领}$"较难出现在存现句宾语位置和同位语位置。根据陆丙甫（2003）对于汉语修饰语"描写、区别"功能的区分，"N$_{属-依附}$+Adj+的+N$_{领}$"属于描写性修饰语，可以用于描写名词性质及限定、指别名词范围，而"N$_{属-非依附}$+V+的+N$_{领}$"属于区别性修饰语，主要用于指别名词范围。我们同意描写性修饰语是语义层面的修饰语，而区别性修饰语是语用层面修饰语，在领属关系小句中分别对应于有语义限制的"N$_{属-依附}$+Adj+的+N$_{领}$"和无语义限制的"N$_{属-非依附}$+VP+的+N$_{领}$"。其分布表现为前者可以承担多种语用功能，但后者只能承担语用上的指别功能。进一步，本部分还提出，区别性的语用功能可以使关系小句突破各种句法语义限制，形成合法结构。

4.5.1　领属关系小句的两种类型

在4.2节中我们仅讨论了当谓语为形容词时领属关系小句形成的合格条件，而当谓词范围扩大为动词时，即使是不具备依附义的N$_{属}$，同样可以自然地进入领属关系结构。例如：

（35）a. 钱包被偷了的（那个）人
　　　b. 窗帘没拉的（那个）房间
　　　c. 作业没交的同学［赶紧把作业交上来］
　　　d. 手机还未切换为飞行模式的旅客［请尽快调成飞行模式。］

例(35)a—c显示出在"N$_属$+Adj+ 的 +N$_领$"结构中不能出现的"钱包、帽子、手机",当小句谓词改变为动词时,可以实现为领属关系结构。但"N$_属$+VP+ 的 +N$_领$"同样存在N$_属$必须为[-有生]的限制。即这类关系小句同样受制于名词显著度特征,但不要求N$_属$必须具有依附义。例如:

(36) a.*狗四处乱跑的主人
b.?孩子不愿好好读书的家长

我们将具有依附义的N$_属$称为N$_属-依附$,而不具有依附义,但能够进入谓词为动词的领属关系小句的N$_属$称为N$_属-非依附$。将这两类领属结构分离之后,会发现对于N$_属-依附$来说,其所在的"N$_属$+Adj+ 的 +N$_领$"通常具有描写性特征,并表现在这类关系结构的语篇功能上。

关于关系小句在语篇中所承载的信息功能,不同学者从很多角度进行过深入探索。从关系小句本身的信息状态来看,可分为"增加信息关系小句"(informative relative clause)和"无信息关系小句"(non-informative relative clause)(Bernardo 1979)。其中,增加信息关系小句为所指名词提供新信息,类似于对中心语名词进行直陈描述;而无信息关系小句则分为两类,一类是识别关系小句(identificatory relative clause),一类是特指关系小句(specificatory relative clause)。两者均不增加名词的信息,对于听者来说,关系小句都是已知事件。区别在于前者回指定指名词,后者通过已知事件来定义不定指名词。

而从关系小句在语篇中对名词指称的功能来看,陶红印(2002),方梅、宋贞化(2004)将关系小句区分为"命名、引入"和"追踪"。其中,追踪关系小句和Bernardo(1979)中的识别关系小句在功能上是相对应的,命名关系小句和特指关系小句的功能也基本一致。而引入关系小句中无论是关系小句还是名词都属于新信息,而且中心语是定指的，并不在 Bernardo（1979）提出的框架中。因此，我们在标注领属关系小句的信息类型时，使用两类术语相结合的方法，标注为：增加信息、追踪（识别关系句）、命名（特指关系句）和引入四类。表 4-2 显示了两类不同的领属关系小句在语篇功能上的分布情况。

表 4-2 两类领属关系小句的语篇功能实现情况

	增加信息	追踪	引入	命名	总计
N$_{属-依附}$类领属关系小句 （N$_{属-依附}$+Adj 的 +N$_{领}$）	80 （81.63%）	4 （4.08%）	14 （14.29%）	0（0）	98
N$_{属-非依附}$类领属关系小句 （N$_{属-非依附}$+VP+ 的 +N$_{领}$）	0（0）	19 （70.37%）	8 （29.63%）	0（0）	27

通过表 4-2 可知，"N$_{属-依附}$+Adj+ 的 +N$_{领}$" 主要功能集中于增加信息；"N$_{属-非依附}$+VP+ 的 +N$_{领}$" 则与之不同，关系小句多用于描述已知事件。二者在增加信息功能上，后者往往无法替换前者。例如：

（37）a. 三个人在路上肆意冲撞着那些西装笔挺的中年人。

b. *三个人在路上肆意冲撞着那些钱包丢了的中年人。

（38）a. 泉州某饭店中，灯光暗淡的客厅里，坐着郑永友、黄光照、黄党 3 人。

b. ? 泉州某饭店中，窗帘拉着的客厅里，坐着郑永友、黄光照、黄党 3 人。

由此可见，"N$_{属-非依附}$+VP+ 的 +N$_{领}$" 通常用于追踪和限定 N$_{领}$，使用这种结构时，N$_{属-非依附}$在语境中需要是定指或可识别的，即具有较高可及性[①]。因此它很难用于 N$_{领}$首现的情景中，比如没有前后背景

---

① 此处"可及性"概念为完权（2010）定义的"说话人推测，听话人听到一个指称词语后，从头脑中或周围环境中搜索、找出目标事物或事件的难易程度"。

交代的存现句中。例如:

(39) a. [店里] 来了一个妆容精致的女人
b. [公司里] 来了一个性格安静的女人
(40) a. ?[接待室] 来了一个钱包丢了的男人 vs. [接待室] 来了一个丢了钱包的男人
b. ?[办公室] 有一个作业没写的学生 vs. [办公室] 有一个没写作业的学生

对比例(39)和(40)可以发现,"N$_{属-依附}$+Adj+的+N$_{领}$"能够出现在独立的存现句中,但"N$_{属-非依附}$+VP+的+N$_{领}$"则非常受限。但当我们设定语用情景,使N$_{属-非依附}$在语境中具有更高可及性时,"N$_{属-非依附}$+VP+的+N$_{领}$"也可以出现在存现句中。如例(41)和(42)中两组语料的自然度对比:

(41) a. ?有一个手机丢了的人来报案。
b. ?有一间窗帘没拉的屋子。
(42) a. 最近有很多人丢手机,今天又有一个手机丢了的人来报案了。
b. 你到楼下会看到好多间屋子,其中有一间窗帘没拉的屋子,那就是我家。

同位语是增加信息类关系小句出现的典型位置,"N$_{属-非依附}$+V+的+N$_{领}$"出现在这一位置时也不合法。例如:

(43) a. 张小宝,这个性格活泼的孩子,总能给我们带来惊喜。
b. *张小宝,这个作业没写的孩子,丝毫不在乎老师和家长的批评。

（44）a. 刘医生，这个装束得体的男人，突然慌乱了起来。
b. *刘医生，这个钱包丢了的男人，突然慌乱了起来。

可见两类领属关系小句不止具有句法结构上的差异（谓词性质不同）和语义上的差异（小句主语是否具有依附义），两者还存在着语用功能上的分野。基本来说，依附性的领属关系小句主要用来描写中心语的属性，可以用于描写和区别两种功能；非依附性的领属关系小句则主要使用特定情境中激活度较高的事件作为小句内容，起区别、追踪中心语的功能。相比而言，非依附性的领属关系小句句法、语义限制更少，但依附性的领属关系小句具有更丰富的信息功能。我们将在下一节中对领属关系小句两分的原因做出解答。

4.5.2 语用功能对关系小句句法限制的消解

汉语中，有大量研究讨论关系小句的类型和限制。沈家煊（1999），沈家煊、王冬梅（2000），沈家煊、完权（2009），完权（2010），张伯江（2014、2018）均认为汉语名词修饰结构在语用上是修饰语和中心语之间的"参照体－目标"关系，在句法上则是一种"并置关系"。这一观点可以解释汉语中大量无法使用句法关系解释的关系小句结构。例如：

（45）a. 灯光开得最亮的演员／灯光开得最亮的角色
b. 停车最难的超市／停车最难的攻略（张伯江 2014）

这种从语用功能出发挖掘出的例子大部分需要依赖于合适的语用情景。例如例（45）中，小句主语在上下文的情景中实际上已被激活，尤其是小句中"最"的加入，使焦点落在了关系小句的内容上，更加强了关系小句的区别性功能。缩小中心语所指范围应该是关系小句最重要的语用功能,尤其是在在线口语交际中,一旦关系小句需要承担区别功能,整个小句结构就可以突破关系化中的各种句法、语义限制,形成合格结构。例如:

(46) a. 你刚才吃汉堡的那张桌子
　　　b. 火车开过来的那个山洞
　　　c. 老师刚撕了作业的那个小孩儿
　　　d. 民政局已经发了结婚证的夫妻
　　　e. 刚才我送了一块表的那个人

例(46)a—e各例都违反了名词可及性等级,我们在第三、四章中讨论的诸多不能使用无标记关系化的旁格成分"起点、宾语领有者、与事"都可以形成关系结构。但例(46)与前文所述的关系小句之间存在着明显的语体差异。例(46)各例都带有鲜明的口语色彩,而且小句中通常带有提示具体事件的副词"刚才、已经"等。这类因素同样会增加关系小句的区别性意义,使其更好地实现识别功能。并且,这类例句中通常会在关系结构里插入指量成分,构成"关系句外置式"。关外式通常与限制性修饰语或描述特定事件的事件修饰语相对应(赵元任1968,Huang 1982,Del Gobbo 2005等),虽然这样的对应未必精确(详见1.4.2节),但也在一定程度上反映了母语者的语感:关外式通常用于加强指别性。

虽然汉语中存在很多可以突破句法、语义限制的关系结构,但这些关系结构都是为在线交际中的指别功能服务的。在交际中为了使听话人快速识别说话人所指事物,说话人会采用一些参照事件来快速激活听话人对事物的记忆,因此这类关系结构中通常包含焦点成分或指示具体事件的时间、地点成分。这也使得这类具有临时特征的关系结构往往需要搭配某些副词出现。比如例(45)和例(46)中,去掉

"最"带来的焦点信息和"刚才、已经"带来的特定事件的指别性信息,以及中心语的定指标记"这个、那个",关系结构的自然度就会大大降低。比如:"?灯光开得很亮的演员""?我送了一块表的人"。

唐正大(2008)发现作为主句现象的话题结构可以进入关系小句中。例如:

(47) a. 这本书读过的人啊,看来真不少。
　　　b. 苹果削好了的人都有谁?
　　　c. 苹果没削的人都有谁?
　　　d. 鱼和熊掌都吃过的人啊,不多。

该文还发现,关系小句允准话题结构时,"焦点敏感算子'都/也'对话题结构这种主句现象嵌套入关系从句结构有一定的'护生'作用","话题焦点敏感算子、否定、动词后续成分等句法因素的出现,使话题结构这种主句现象可以嵌套于关系从句中"。这说明"话语因素仍然对话题结构的嵌套具有护生作用"。可见唐正大(2008)同样发现突破从句句法限制的现象,是由话语因素进行调控的。而这种话语因素具体说来就是区别功能的强弱。

区别性一向被认为是关系小句最重要的语用功能,尤其是在口语语体中,大量的关系小句都是区别性的,用于追踪和识别中心语(陶红印2002)。陆丙甫(2003)认为,描写性和区别性都属于修饰性。描写性从内涵上修饰核心成分,表示"怎么样的";而区别性及指称性强调外延,表示"哪一个/些"。描写性和区别性分属两个不同层面,描写性是语义层面的功能,区别性是语用层面的功能。而且,陆丙甫(2003)还提出描写性是基础功能而区别性是派生功能。由此即可发现,作为语义层面具有描写功能的关系小句,通常具有更强的句法、语义限制,比如第三章中提到的工具、材料、处所关系小句存在多种句法语义上的条件，且部分旁格成分不允许实现无标记的关系化。再如本章中所示的形容词做谓语的领属关系句，同样需要依附义的限制。这些关系小句在语义层面具有描写性，在语用层面也可以承担区别功能。而在语用层面上，当说话人需要快速指别特定事物，将句法、语义关系松散的事件（参照体）及其参与者（目标）结合起来时，就可以暂时为了交际需要突破句法限制，形成特殊的关系结构。但这种关系结构是语用上的临时结构，具有语用层面的区别性，但很难具有语义层面的描写性。对于领属关系小句来说，这种限制表现为非依附性的关系小句很难承担"增加信息"的功能。

4.6 小结

本章讨论了汉语领属关系句（第二章称为"伪无空位定语小句"）的形成条件。首先从"$N_属$+Adj+的+$N_领$"结构出发，发现这类关系结构要求$N_属$和$N_领$具有空间上的附着关系，或$N_属$的个体性低、具有抽象性。无论是中心语名词的附着性还是抽象性，实际上都是为加强$N_属$对$N_领$的依存性而服务的，因此我们将这两种特征合称为"依附义"，认为具有依附义的$N_属$才能形成合格的"$N_属$+Adj+的+$N_领$"结构。此外，名词的依附义还可以解释附着义处所关系句、准定语关系化、领属成分话题化和领属成分零形回指等与名词显著性、话题性相关的语言现象。其次，在"$N_属$+VP+的+$N_领$"类的领属关系句中，$N_属$可以不受依附义约束，由个体性更强的名词承担。但"$N_属$+VP+的+$N_领$"类的领属关系句在语用功能上受限，无法承担增加信息功能。本章进而分析了汉语中存在的一些突破句法、语义限制的关系结构，发现具有语用层面区别性的关系结构受句法限制较少，但小句中通常包含焦点成分或指明特定事件的成分。同时，这类关系小句仅具有识别中心语的功能。而受句法、语义限制的领属关系小句以及附加语空位旁格关系句，则既具有语义层面的描写性，同时也可在语用层面对中心语进行区别和指称。

第五章　事件属性名词与名词补足语小句的形成方式

5.1　引言

第二章中，通过对几类内部结构不同的定语小句进行一系列句法测试，已经得到汉语中存在结构类型、形成方式不同的两类定语小句：关系小句和名词补足语小句。这两类结构大致对应于朱德熙（1983）指出的转指与自指两类"的"字结构。本章从中心语名词与表示事件的名词补足语小句间的选择限制关系入手，讨论名词补足语小句的形成机制。根据小句和中心语名词之间的关系，名词补足语小句可以区分为事件义名词补足语小句和内容义名词补足语小句。例如：

(1) a. 他开车的<u>技术</u>（事件义名词补足语小句）
　　　　火车到站的<u>时间</u>
　　　　他用箱子装书的<u>原因</u>
　　　　扩大招生名额的<u>问题</u>
　　 b. 他给我写信的<u>事儿</u>[①]（内容义名词补足语小句）

事件义名词补足语小句和内容义名词补足语小句可以通过"VP 的 N"与"N 是 VP"的句法格式变换进行区分。例（1）b 中，中心语名词"事儿"和修饰语"的"字结构组成的"VP 的 N"结构可以变换为

[①] 引自朱德熙（1983：25）§5.1 例 2。

"N 是 VP"格式。例如：

(2) 那件事儿是他给我写信(了)。

例(1) a 中以"技术、时间、原因、问题"等为中心语名词的"VP 的 N"结构不能变换为"N 是 VP"格式。例如：

(3) *技术是他开车。
    *时间是火车到站。
    *原因是他用箱子装书。
    *问题是扩大招生名额。

古川裕(1989)提出，名词补足语小句(自指结构)的句法构造与中心语名词的语义特征密切相关。只有具备"[CONTENT(内容·包含)]"特征的名词才能够成为名词补足语小句的中心语。据此，我们可将其称为"内容义名词"(魏雪、袁毓林 2013)，并认为"内容义名词"可以搭配名词补足语小句。比如"决定、消息、事实"等。在由内容义名词所构成的"VP+ 的 + N"结构中，"VP"都是对"N"所指内容的描述，因此这类"VP+ 的 + N"均可以变换为"N 是 VP"。但对比例(2)和例(3)可以发现：对于某些能够充当名词补足语小句中心语的名词来说，位于其定语位置的小句所描述的并不是名词的内容。沈家煊(1999)、Zhang(2008)都发现汉语的无空位关系小句有两类。沈家煊(1999)依据认知转喻将自指结构区分为"中心语不在认知框架内"和"中心语代表容器"两类。前者如"迟到的原因"，后者如"他给我写信的事儿"。Zhang(2008)也根据中心语不同，将无空位关系小句区分为"事实"类中心语构成的小句和"声音"类中心语构成的小句。因此，并非只有包含[+CONTENT]属性的名词才能充当名词补足语小句的中心语。本章着重关注的就是这类非内容义名词做中心语的名词补足语小句，并尝试从中心语名词的语义类型出发，讨论带有哪些语义特征的名词允许搭配名词补足语小句；根据特定名词的语义说明名词补足语小句结构"VP+ 的 +N"中是否带有或能否补出合适的隐含谓词；并分析构成事件义名词补足语小句的名词的句法、语义特点。最后，本章将重新讨论朱德熙（1983）所提出的"自指"和"转指"结构，并认为自指结构的实质是一种"全局性转指"现象。

5.2 事件义名词补足语小句和事件属性名词

汉语中存在由"内容义名词"和"事件义名词"构成的两类名词补足语小句。因此，要对事件义的"VP+ 的 +N"进行研究，首先要厘清内容义和事件义两类名词补足语小句的差别。本节首先给出判定"VP+ 的 +N_{内容}"和"VP+ 的 +N_{非内容}"两类结构的标准；然后指出："VP+ 的 +N_{非内容}"中的中心语名词"N_{非内容}"，在语义上与"事件"密切相关，属于事件属性名词。

5.2.1 两类名词补足语小句的区分标准

古川裕（1989）指出，内容义名词的主要特点是内部带有[+CONTENT]的性质。这类名词可以构成"VP+ 的 +N_{内容}"结构，其中 VP 可以对中心语 N_{内容}的内容进行详尽叙述。但在事件义名词构成的"VP+ 的 +N_{非内容}"中，VP 并不是对 N_{非内容}的内容进行阐述。

如上文所述，内容义和事件义名词补足语小句可以通过"VP+ 的 +N → N+ 是 +VP"的变换式进行区分；在一般情况下，能够进入这种变换式的是内容义名词所构成的名词补足语小句。但是，根据古川裕（1989），有些能够进入以上变换式的"VP+ 的 +N"，VP 却并不指向中心语名词的内容。例如：

(4) 雪地上走路的声音[1] → 那个声音是（在）雪地上走路（的声音）

(5) 炸鱼的味道 → 那个味道是炸鱼（的味道）

"声音"的内容并不是"雪地上走路"，而是"咯吱咯吱（的声音）"。实际上，"雪地上走路"是造成"咯吱咯吱的声音"的原因。可见作为"原因"的 VP 事件，也可以进入"N 是 VP"结构中。因此，"VP 的 N → N 是 VP"这种变换格式并不能作为唯一的断定标准来说明"VP"指向"N"的内容。袁毓林（1995）在对"开车的技术"进行释义时，使用添加隐含谓词"指导"来说明"技术"与"开车"之间的关系。而崔应贤（2004）、宋作艳（2014）则认为"开车"是"技术"所指向的内容：因为"开车的技术"可以变换为"（他学习的）技术是开车"。所以，想要区分"VP+ 的 +N 内容"与"VP+ 的 +N 非内容"并不能仅仅依靠"VP+ 的 +N"与"N 是 VP"的格式变换。我们认为，"声音、技术"这类名词与真正的内容义名词的区别在于：除了使用"是"，它们还可以使用其他谓词来与 VP 取得句法、语义联系。例如：

(6) 雪地上走路发出声音 → 雪地上走路发出的声音 → 雪地上走路的声音

用某种技术开车 → 开车使用的技术 → 开车的技术

但典型的内容义名词，除了"是"和指示内容的动词"说、表现为、表示为"外，很难使用其他谓词来与 VP 取得句法、语义联系。

---

[1] 引自古川裕（1989）例（25）。

而且，这些谓词很难在"的"字结构中补出。例如：

（7）消息是那位女演员结婚了。
　　→＊[是那位女演员结婚]的消息
　　→那位女演员结婚的消息
　　这种风俗表现为结婚抢新娘。
　　→＊[表现为结婚抢新娘]的风俗
　　→结婚抢新娘的风俗

除此之外，对于任何一个名词来说，其在现实世界所指的内容应该是唯一的。比如定指的"消息"，只能存在一个内容。因此，当内容义的 VP 占据定语位置时，句子中就不能再次出现描写名词内容的谓语。例如：

（8）＊那位女演员结婚的消息是那位女演员决定息影了。

同时表达"消息"内容的定语小句和谓语不能在一个句子中共现。但我们发现，例（4）和例（5）中带定语小句的名词性短语，其后仍然允许出现描写名词内容的谓语。例如：

（9）雪地上走路的声音是咯吱咯吱的。
　　炸鱼的味道是香酥油腻的味道。
　　狗熊出没的痕迹就是这些嵌在泥土里的大脚印。

如果我们承认例（9）各句中谓语描写的是名词的内容，那么"VP+的+N"结构里的 VP 就不是指向名词内容的。引起争议的结构："开车的技术"也可以使用这种方法来进行测试。在"开车的技术"中，"技术"的内容包括：车内机械控制，倒车、转弯等操作，而"开车"只是这些"技术"的功能或目标。我们在语料库中还找到了这样的例子：

> （10）传输电视数据的技术是将这些信号分解为数据，再将数据按编码还原为画面。

"传输电视数据"是"技术"的种类或功用，而"是"后的谓语才是这种具体"技术"的内容。在这类"VP₁的N是VP₂"的例子中，VP₁是对N所指范围的限定，使得"VP₁的N"成为N的一个子集；VP₂是对"VP₁的N"内容的具体说明和陈述。因此，在语义上，VP₁与N是限定性关系，而VP₂与N是同指性关系。由此可见，例（4）和例（5）以及"开车的技术"中，定语小句所指向的并不是名词的"内容"。这样，我们可以通过以下两种句法手段来区分"内容义名词补足语小句"（VP+的+N内容）和"事件义名词补足语小句"（VP+的+N非内容）：

A."VP+的+N内容"只能以"是/说/表现"等表示内容的谓词来关联VP和N的意义，且这些谓词不能在"的"字结构的表层出现；"VP+的+N非内容"则可以通过其他隐含谓词对结构进行释义。

B."VP+的+N内容"，无法进入"VP+的+N+是+VP内容"结构，但"VP+的+N非内容"则允许进入这一结构。

通过调查大量的语料，我们还发现：很多名词既可以构成一个内容义的名词补足语小句，同时也可以构成事件义的名词补足语小句。例如：

> （11）a.（付出）把女儿卖给黄世仁的代价（内容义）
>
> b.杨白劳借钱（付出）的代价（事件义）
>
> （12）a.（造成）家破人亡的下场（内容义）
>
> b.赌博（造成）的下场（事件义）

（13）a.（到了）愿意为他去死的<u>程度</u>（内容义）
　　　b.程灵素爱胡斐（达到）的<u>程度</u>（事件义）
（14）a.（留下了）草被压倒的<u>痕迹</u>（内容义）
　　　b.狗熊活动（留下）的<u>痕迹</u>（事件义）

上述例子中的内容义名词补足语小句都可以按照判定标准 B，变为由"是"引导的内容义谓语。例如：

（11'）杨白劳借钱的<u>代价</u>是把女儿卖给（了）黄世仁。
（12'）赌博的<u>下场</u>是家破人亡。
（13'）程灵素爱胡斐的<u>程度</u>是（自己）愿意为他去死。
（14'）狗熊活动的<u>痕迹</u>就是那些嵌在泥里的大脚印。

通过句法变换的方法可以厘清两类不同的名词补足语小句。但是，另一个问题随之而来：在事件义名词补足语小句结构中，如果 VP 不指向 N 的内容，那么 VP 与 N 是怎样的语义关系？这一问题，我们将在下一节中详细讨论。

5.2.2　事件义名词补足语小句的语义基础

对于事件义名词补足语小句中 VP 与 N 之间的关系，很多学者都曾进行过十分有益的探索。袁毓林（1995）通过引入"隐含谓词"来对自指结构"VP 的 N"进行释义。通过补出的谓词，可以发现"VP"和"N"之间的语义联系。宋作艳（2014）将自指结构中 VP 和 N 的关系区分为"领属"和"属性"两类，并使用了特定的句法特征作为分类标准。如表 5-1 所示。

表 5-1 宋作艳（2014）对自指结构中"VP、N"句法语义关系的描写[1]

语义类		例词	语义特征	句法判断标准
领属		情况、声音、姿势、时间、地方、过程	VP 具有 N 的属性，N 是 VP 的伴随特征	VP 的 N → N 有 VP
属性	种属关系	任务、决定、选择、判断、批评	N 与 VP 是种属关系，VP 说明 N 的具体内容	VP 的 N → N 是 VP → VP 这种 N
	前提条件	理由、把握、条件、资格、可能、机会、希望	N 是 VP 的前提	VP 的 N → 有 VP → VP 这种 N
	功用	方法、杯子	VP 说明 N 的功用	VP 的 N → 用于 VP 的 N
	结果	原因、力量	VP 说明 N 的结果	VP 的 N → N 导致 VP

Matsumoto（1997）对日语关系小句的研究也具有参考意义。Matsumoto（1997）认为，日语的关系小句可以根据小句生成的机制区分为三类：小句控制类型（clause-host type，CH），名词控制类型（noun-host type，NH）和共同控制类型（clause and noun host type，CNH）。其中，小句控制类型对应于关系小句，中心语名词是小句谓词的论元；名词控制类型对应于同位语从句，即内容义名词补足语小句；而共同控制类型就是事件义名词补足语小句。Matsumoto（1997）认为共同控制类型与名词本身的语义相关，并根据名词语义将其分为三大类和若干小类。如表 5-2 所示：

表 5-2 Matsumoto（1997）对日语 CNH 关系小句中心语名词的语义分类[2]

分类	例词	语义特征
关系名词（relational nouns）	kekka（结果）、genin（原因）、riyuu（理由）、dooki（动机）、kikkake（机会）	是事件的某一部分或某种属性。

[1] 据宋作艳（2014）第 23—24 页整理而成。
[2] 据 Matsumoto（1997）第 148—162 页整理而成。

续表

分类	例词	语义特征
类关系名词 （quasi-relational nouns）	ato（痕迹）、yogore（瑕疵）、yoru（晚上）、asa（早晨）	本身是实体名词，但语义框架中允许与一个事件产生联系。
感受名词 （nouns of perception）	nioi（味道）、oto（声音）、kamisori（触感）、kehai（迹象）	名词描写对事件的感受。

可以发现，无论是汉语还是日语，构成事件义名词补足语小句的名词，总是与"事件（VP）"密切相关。它们可能是"事件（VP）"的原因、结果、条件等。因此 Matsumoto（1997）认定，这些名词的"语义框架中包含一个事件，并受到这个事件中谓词的约束"。宋作艳（2014）针对能构成自指结构的名词进行了分类，本章将在这一分类的基础上，通过穷尽式的调查，对能够构成事件义名词补足语小句的名词进行语义分类和句法验证。

能够构成名词补足语小句的名词应该具有共同的语义基础，并且数量比较有限。因此，本书对《现代汉语语法信息词典》中所给出的 10 069 个词语中的 3572 个名词进行测试，得到可以带名词补足语小句的名词共 651 个。其中，可以构成内容义名词补足语小句的名词有 474 个（如"消息、新闻、故事"）；可以构成事件义名词补足语小句的名词有 284 个（如"机会、味道、声音"）；可以同时构成以上两类名词补足语小句的名词有 107 个（如"痕迹、下场、结果"）。我们发现，这些触发事件义名词补足语小句的名词总是与"事件"存在语义联系，它们通常是"事件"内部或外部的关系成分。因此，我们通过这些名词与"事件"之间的语义关系将其分为八类，分别是：原因、结果、过程、条件、目标、度量、时间、处所。它们与事件之间的关系如图 5-1 所示。

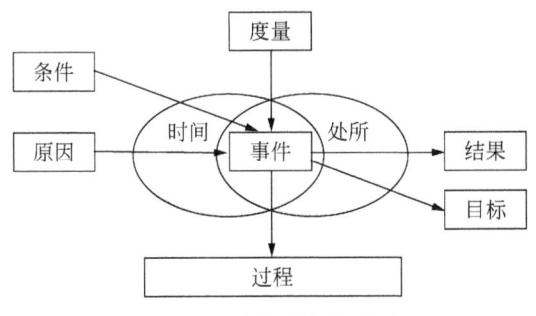

图 5-1 事件属性关系图

以上针对这 284 个名词的分类是纯粹的语义分类。这些名词在功能上与"颜色、形状、材料、功用"等实体属性（袁毓林 1994）名词类似，具有对事件进行描写或评价的作用。因此，我们将这八类名词统一称为"事件属性名词"。

下文将讨论这些从经验性的语义上区分出来的类型是否具有句法上的共同点，并论证名词补足语小句中，补出隐含谓词进行语义解释的必要性和可靠性。

5.3 事件属性名词与隐含谓词的互动关系

上文我们从语义角度将事件属性名词分为八类，这八类名词都与"事件"存在特定的关系，并可以将一个事件 VP 实现为自己的定语，从而构成一个事件义名词补足语小句结构。袁毓林（1995）曾尝试采用"隐含谓词"的概念来解决自指结构的语义解释问题，但是这种处理方法的合理性也引发了一些质疑（崔应贤 2004，宋作艳 2014）。

"原因、结果、过程、目标、条件、度量、处所、时间"这八类事件属性名词可以通过它们与 VP 之间存在的语义关系聚集成类。但要对事件义名词补足语小句进行语义解释，并从表层结构上说明特定的事件属性名词与表示事件的 VP 之间具体存在怎样的关系,采用补出隐含谓词是最简明可行的方案(袁毓林 1995,宋作艳 2015)。因此,本部分从事件属性名词的语义类出发,先利用 VP 与 N 之间的隐含谓词进行释义。下面,我们将详细说明各种类别的事件属性名词与表示事件的 VP 之间是怎样发生联系的,以及这种语义联系是如何体现在句法表层的。

5.3.1 原因类名词

原因类名词指导致某种事件 VP 出现的因素。因此,原因类名词总可以选用"致使义"动词来跟 VP 取得联系。加入"致使义"动词后,事件义名词补足语小句结构"VP 的 N"可以扩展为"导致 VP 的 N$_{原因}$"。原因类名词包括:

根源、原故、原因、缘故、缘由、原由、心理、动机(导致/致使)

(15)<u>福利国家危机产生的根源</u>就是社会福利制度的发展与安排由于市场和家庭失效。
→ **导致**国家福利危机产生的<u>根源</u>
父母要深入了解<u>幼儿攻击他人和表现出暴力倾向的心理</u>。
→ **导致**幼儿攻击他人和表现出暴力倾向的<u>心理</u>

可见,原因类名词构成的事件义名词补足语小句结构能够通过语义确定的"致使义"动词来支配表示事件的 VP,并与这一事件建立施成性的语义联系。

5.3.2 结果类名词

结果类名词是指在某个事件发生之前,名词所指事物并不存在;由于事件的出现,才使名词所指的事物产生出来。结果类名词与它所构成的事件义名词补足语小句结构之间的关系可以使用"导致、造成、表现出、展现出"等动词来进行语义解释，将结构扩展为"VP 导致/造成……的 N$_{结果}$"。其中一些动词有固定搭配的谓词，还有一些名词则很难补出合适的隐含谓词。这类名词包括：

问题、效果、价值、意义、意思、样子（表现出/展现出/展示）

（16）政府对市场运行直接干预的效果往往是适得其反的。
　　→ 政府对市场运行直接干预所**表现出**的效果
（17）晋灵公在高台上用弹弓射行人，就是想看行人躲避弹丸的样子。
　　→ 行人躲避弹丸所**展现出**的样子

响声、噪音、声音、气味、酸味、味道（发出）

（18）拨打算盘的响声格外清脆。
　　→ 拨打算盘**发出**的响声
（19）空气中弥漫着尸体腐烂的气味。
　　→ 尸体腐烂**发出**的气味

得失、利害、压力、下场、损失、弊病（导致/造成）

（20）美国历经金融动荡，深知实施严格监管的利害。
　　→ 实施严格监管所**导致**的利害
（21）眉毛是眼睛的第一道防线，经常拔眉的弊病很多。
　　→ 经常拔眉所**造成**的弊病很多。

余烬、残迹、废料、痕迹、伤、伤痕、下脚料、行踪、余味、踪迹、足迹（造成/留下）

第五章　事件属性名词与名词补足语小句的形成方式

（22）墙面上还留着以前孩子们乱写乱画的残迹。
　　→ 孩子们乱写乱画**留下**的残迹
（23）他的双脚上至今还留有铁镣长期摩擦的伤痕。
　　→ 铁镣长期摩擦**留**下的伤痕

好处、反响、后果、结果、苦果、苦头、疗效、乐趣、效益（带来）

（24）运用客观标准的好处是，它将双方主观意志力的较量转换成双方共同解决问题的努力。
　　→ 运用客观标准**带来**的好处
（25）做菜的乐趣是教别人品尝而不是独享。
　　→ 做菜**带来**的乐趣

甜头、教训、收入、收益、小费、奖金、回扣、报酬（得到）

（26）通过那次采矿的教训，他深刻地体悟到，在商场上最忌讳人云亦云。
　　→ 采矿**得到**的教训
（27）企业利润是承担风险的报酬。
　　→ 承担风险**得到**的报酬

作用（起到）、代价（付出）

（28）对过程监视和测量的作用是证实过程持续满足预定结果的能力。
　　→ 对过程监视和测量所**起到**的作用
（29）使用计算机来辅助测试的代价是很高的。
　　→ 使用计算机来辅助测试而**付出**的代价

表现、心情、心得、待遇、功能、罚金、趣味、姿势、举止、收支、速度、动作、贡献（无法补出合适谓词）

以上多种结果类名词本身都指向"事件"所"导致"的结果。虽然在句法表层进行谓语补回操作时，这些事件义名词补足语小句结构并不能一致地补出某个特定谓词，但备选的隐含谓词的语义是比较确定的，几乎都表达了"使名词所指事物产生或出现"的意思。

5.3.3 过程类名词

过程类名词属于事件的一部分，可以说这类名词所表示的内容就在事件之中。一般可以理解为"VP 有/包括/表现出/经历/经过 N"。但总体来说，这类名词与相应事件 VP 构成的名词补足语小句结构中很难补出一个自然、恰当的谓词。这类名词包括：

源头、来源、本末、过程、阶段、结尾、末尾、起源、尾声、序幕、隐情、顺序、步骤、程序、流程、片断、详情、关键、核心、焦点、精华、里程碑、立足点、秘密、内幕、内情、枢纽、细节、要点、真相、重点、重心、主流、高潮、中心、转折点（有/包括/经历/经过）

（30）企业要设计出差的办法，就涉及<u>出差的流程</u>。
　　→？出差所<u>经历/包括</u>的<u>流程</u>
（31）这是<u>教育改革的里程碑</u>。
　　→？教育改革<u>出现</u>的<u>里程碑</u>

趋势、倾向、系统、现状、情况、情景、形势、状况、状态、前景、声势、盛况、阴暗面（表现出）

（32）但是目前<u>公司运转的情况</u>并不理想。
　　→公司运转所<u>表现出</u>的<u>情况</u>

（33）专家表示，投资房地产的前景还是比较乐观的。
→ 投资房地产表现出的前景

过程类名词在语义上指向事件的进程，实际上更像是事件中的过程性阶段或侧面，是一种较为抽象的事件属性。

5.3.4 条件类名词

条件类名词的语义特点是：它们所指的内容在某个事件发生之前就需要具备，并且能够帮助或促成这个事件完成。条件类名词构成的事件义名词补足语小句结构"VP 的 N$_{条件}$"中，中心语名词可以通过"凭借、借助、使用"等谓词与 VP 所指事件进行语义关联，形成"VP 所凭借/借助/使用 + 的 + N$_{条件}$"的扩展结构。也可以使用"用来、用于"等谓词构成"用来/用于 VP+ 的 + N$_{条件}$"格式。这类名词包括：

工艺、基金、素材、信号、诱饵、资源、办法、策略、方法、方式、做法、暗号、暗语、腔调、手段（用来/使用）

（34）可是那些救助聋哑儿童的基金并没有落到需要它的人手中。→ 用来救助聋哑儿童的基金
（35）但是法国人抵御外敌的策略已经完全无法跟上机械化的时代了。→ 抵御外敌所使用的策略

保障、闯劲、胆量、胆识、斗志、信心、胸怀、雄心、根据、合格证、护身符、基础、技术、借口、决心、理由、力量、灵感、媒介、魅力、耐性、能力、能量、凭证、魄力、气魄、经验、前提、潜力、思路、态度、渠道、权利、天赋、天资、野心、毅力、优势、运气、知识、智慧、资格、诀窍、条件、途径、勇气、提纲、布局（凭借/

依靠)[①]

　　（36）企业者要有在市场上打大战役的气魄。
　　　　→在市场上打大战役所凭借的气魄
　　（37）有些人就是缺少发财的运气。
　　　　→发财所依靠的运气

标准、方案、风俗、规律、规则、轨道、路线、逻辑、套路、条理、条例、习惯、习俗、线路、原理、原则、章程、仪式、纲领、惯例、规范、哲学、指标、制度、秩序、准则、政策（遵循/依照）

　　（38）评价儿童智力水平的标准
　　　　→评价儿童智力水平所依照的标准
　　（39）要遵守资金核算的规范。
　　　　→资金核算所遵循的规范

赌注、激情、退路、需要、穴位、要领、学费、押金、障碍、证据、证明、阻力、参照物、角度、费用、花费、开销、形式、学问（无法补出合适谓词）

"条件"类名词基本都是以"使用"义动词与事件进行语义联系。但具体的名词会根据特定规约，选择最恰当的谓词补回"的"字结构中。当然，其中有些名词本身能够容纳多种隐含谓词，比如"标准"可以补回"依照、使用、用来"等动词。

[①] 本组名词在某些语境中可以理解为结果类名词。例如："他跳河救人的胆识，着实让人佩服。"这里补出的隐含谓词与结果类的"问题、效果"相同，可以补出"展现出、表现出"等。但同时也可以作为条件类名词理解。如："他跳河救人所凭借的胆识。"

5.3.5 目标类名词

目标类名词表示事件 VP 发生的目的。可以使用"为/达到/完成"与 VP 进行语义关联,构成"VP 所为/达到的 N_目标"结构。例如:

目标、目的(为/达到)

(40)建造这所豪华公寓的目标
→建造这所豪华公寓所为的目标
(41)努力学习的目的
→努力学习所要达到的目的

5.3.6 度量类名词

度量类名词指事件的评价属性或维度,构成对事件水平、等级、数量、规模等的度量。它们与事件之间的语义关系可以使用"达到"来表达,将事件义名词补足语小句结构扩展为"VP 达到的 N_度量"。不过也存在一些度量类名词,在其构成的事件义名词补足语小句结构中不能补出恰当的谓词。例如:

强度、程度、幅度、水平、极限(达到)

(42)运动员进行训练的强度远非普通人可想。
→运动员进行训练达到的强度
(43)今年农业总产值增长的幅度超过往年。
→农业总产值增长所达到的幅度

概率、进度、可行性、效率、性质、频率、虚实、实质、本质、必要性、形式、方向、产值(无法补出合适谓词)

度量类名词属于 Partee & Borschev(2012)所提到的功能名词(functional nouns),它们可以对事件的各个方面进行测量和评估。因此这类名词可以通过它们的"评价"义来与事件关联。

5.3.7 时间、处所类名词

时间和处所名词与以上名词的不同点在于，它们为事件 VP 提供一个背景，为事件的发生设定时空位置。因此，这类名词构成的事件义名词补足语小句结构很难通过补出谓词进行释义，但通常可以进入"在 N+VP"的句法格式。这类名词包括：

工夫、季节、年代、年龄、期限、日子、生日、时代、时光、时候、时间、时期、世纪、岁数、岁月、星期（时间）

场地、范围、航道、环境、基地、据点、空当、空地、空间、擂台、区域、世界、太空、天空、位置、窝、卧室、舞会、校园、学校（处所）

以上的分类是对事件属性名词的语义聚类。但根据补出谓词的语义特点可以发现，同一聚类下的名词所补出的谓词在语义上也具有一定的一致性。比如：

原因：导致、致使 → 致使义动词
结果：表现出、展现出、展示、发出、导致、造成、留下、带来、得到、起到、付出 → 产生义动词
过程：有?、包括?、经过、经历、表现出 → 有现义动词
条件：用来、使用、凭借、依靠、遵循、依照 → 使用义动词
目标：为、达到、完成 → 达成义动词
度量：达到 → 达到义动词
时间、处所：在 → 存在义介词

可见，同一语义聚类下的事件属性名词可以通过特定语义类的谓词来对它们所构成的名词补足语小句结构进行语义解释。这一现象说明，事件属性名词的八种聚类不仅是一种语义分类，同一小类名词内

部也表现出了句法上的一致性。也就是说，名词的这种语义分类是反映其句法表现的，可以得到形式上的验证。

5.4 名词物性角色控制下的隐含谓词

根据事件属性名词的语义特征和它们在事件义名词补足语小句结构中所补出的谓词的语义倾向，可以基本确定事件属性义名词的内部分类。特定名词类型内部成员所激活的隐含谓词具有语义上的相似性。这一点可以说明这些聚类具有句法范畴的价值。但同时，除了"原因、目的、处所、时间"类名词在补出谓词方面有比较高的内部一致性，其他成员数量较多的几类名词在补出隐含谓词时内部差异都比较大：有些名词无法补出谓词，或有些名词允许补出两到三个不同的谓词。因此，有一些学者曾经质疑过事件义名词补足语小句结构中是否真的存在"隐含谓词"。本部分讨论事件属性名词与隐含谓词的关系，着重分析事件义名词补足语小句结构中是否真的存在"隐含谓词"，以及如何确定这个隐含谓词。

从袁毓林（1995）提出"隐含谓词"之后，陆续有学者对"N（的）N"或"VP的N"中是否真的存在"隐含谓词"表示怀疑。针对本书讨论的事件义名词补足语小句结构，支持这些怀疑的证据有两点，第一：一个名词存在多个可能补回的隐含谓词（崔应贤2004）。例如：

(44) a. 出差需要的经费
b. 用于出差的经费

第二，有些名词很难补出一个合理的谓词（崔应贤2004，宋作艳2014）。比如：

（45）a. 开车的技术
　　　b.？指导开车的技术

5.3 节中的描写显示，某些事件属性名词的确存在可以补出多个谓词或完全无法补出隐含谓词的情况。所以，"补出隐含谓词"看似是一种"不确定"（uncertain）的操作（Cha 2005）。[1] 但实际上，对于某一个具体的事件属性名词来说，它与事件 VP 之间的语义关系是固定的。这表现为：无论事件 VP 的内容怎样变化，名词补足语小句结构"VP 的 N$_{事件属性}$"中可以补出的谓词总是一致的。例如：

（46）出差的经费 → 出差需要的经费
　　　　　　　　　用于出差的经费
（47）员工培训的经费 → 员工培训需要的经费
　　　　　　　　　　　用于员工培训的经费

而对于无法补出合理隐含谓词的名词，比如"技术"，则针对任何事件 VP，都很难找到非常自然的隐含谓词。例如：

（48）开车的技术 →？指导开车的技术
　　　　　　　　？用于开车的技术
　　　做菜的技术 →？指导做菜的技术
　　　　　　　　？用于做菜的技术

此外，虽然特定类别的事件属性名词做中心语的事件义名词补足语小句结构中，补出哪个谓词有时存在多种选择，但必须要承认的是：

---

[1] Cha（2005）提到，Kim（1999）认为"烤鱼的味道"这种结构的出现，是因为句中本来存在的分词性动词（participial verbs）（比如"发出"）被截断了（truncated）。并指出这种研究方法的问题在于：很难对这类现象提供统一的解释，也不能对这些结构给予形式化的描写方式，因为根本无法预测这一结构中到底省略（截断）了怎样的不定式动词。

针对每一个事件属性名词来说，它总是能够激活一个谓词，或一系列语义上相近的谓词，而这一/些谓词所反映的事件义名词补足语小句结构中名词和 VP 事件之间的语义关系也是非常稳固的。基于这一事实，我们可知，每个事件名词都是以固定的语义关系来联系自身与事件 VP 的。

事件属性名词根据自身的语义结构与事件联系在一起。当我们从这些名词的物性角色去看事件义名词补足语小句里中心语名词和事件 VP 之间的关系时，就会发现：对于可以补出多个隐含谓词的名词来说，多个备选的隐含谓词总是名词的某个特定的物性角色。而对于不能补出隐含谓词的名词来说，物性角色的引入也可以对其进行合理的解释。更有趣的是，在同一语义（事件属性）类别下的名词，所补出的谓词相对于这个名词的物性角色总是相同的。

物性角色与名词的概念结构息息相关，是名词语义表达和句法实现的基础。袁毓林（2013、2014a）将 Pustejovsky（1991）的四类名词物性角色扩展为十类。根据它们与名词的句法、语义关系分别定义为：

形式（FOR）：名词的分类属性、语义类型和本体层级特征。例如"物质、液体"等。

构成（CON）：名词所指的事物的结构属性，包括：构成状态、组成成分、在更大范围内构成或组成哪些事物、跟其他事物之间的关系等。例如"颜色、大小"等。

单位（UNI）：名词所指事物的计量单位，也即跟名词相应的量词。例如"个、斤"等。

评价（EVA）：人们对名词所指事物的主观评价、感情色彩。例如"伟大、明亮"等。

施成（AGE）：名词所指事物是怎么样形成的。例如"创造、存在"等。

  材料（MAT）：创造名词所指的事物所用的材料。例如"竹子、木头"等。

  功用（TEL）：名词所指事物的用途和功能。例如"吃（食品）、喝（水）"等。

  行为（ACT）：名词所指事物的惯常性的动作、行为、活动。例如"（水）流动、（树）生长"等。

  处置（HAN）：人或其他事物对名词所指事物的惯常性动作、行为、影响。例如"打（水）、拿（东西）"等。

  定位（ORI）：人或其他事物跟名词所指的处所、时间等位置、方向关系。例如"在、到"等。

  从物性角色的角度来看，原因类名词与"事件"之间总是通过"导致/致使"相连，它们与 VP 的关系总可以是"N 导致/致使 VP"。而"导致/致使"是"原因"类名词最重要的行为角色。在词语释义中，也可以看到，"原因类"名词几乎都是以它们的"导致/致使"行为来定义的。例如：

  原因：**造成**某种结果或**引起**另一件事情发生的条件。

  根源：**使事物产生**的根本原因。

  动机：**推动**人从事某种活动的念头。

因此，原因类名词构成的事件义名词补足语小句结构中的隐含谓词就是这类名词的典型行为角色。

  而对于结果类名词来说，连接事件和名词的谓词则明显是结果类名词的施成角色。由于每个名词的施成角色不同，在 5.3.2 节中，结果类名词可以补出各种各样的隐含谓词。但是，这些谓词的共同点就是它们都是"结果"的施成角色。而那些没有合适谓词的名词，如"表现、心情、心得、待遇、功能、趣味、姿势、举止、收支、速度、动作、贡献",也毫无例外是事件 VP 所造成和导致的。至于是否能在句法表层实现为一个实际的"施成角色"动词，则会受制于语言的规约化特点。

过程类名词比较特殊，它们所构成的事件义名词补足语小句结构中都很难补出一个合适的谓词来连接事件 VP 和名词。这一现象与"过程"和"事件"之间的关系有关。因为"过程"属于事件的一部分，处于事件内部。实际上是由于"事件"的存在，才有了"过程"。因此，过程类名词可以用它们的施成角色"有"与 VP 事件进行语义关联，形成"VP 有 N"。但"有"并不能实现到名词补足语小句结构的表层，并构成一个合法的"VP 有 + 的 +N"格式。因此，大量的过程类名词做中心语的事件义名词补足语小句结构无法补出恰当的隐含谓词。另外，"过程"其实更像是"事件"的"构成角色"。过程类名词与实体名词的构成角色在句法表现上也非常类似。比如：实体名词与其构成角色形成的"N实体 + 的 +N构成角色"也无法补出隐含谓词。例如：

（49）姑娘的眼睛 → *姑娘有的眼睛
　　　桌子的腿儿 → *桌子拥有的腿儿
　　　水杯盖儿 → *水杯带有的盖儿

因此，在名词补足语小句结构中，过程名词总会激活一个很难在句法表层补出的表"领属"或"产生"义的施成角色。

条件类名词几乎都是以使用义谓词来与事件 VP 相连的。这些动词总是条件类名词的功用角色。另外需要特别指出的是第三章中"工具、材料"等旁格论元在语义上类似条件类名词，并且可以实现无空位定语小句结构。例如：

（50）妈妈切菜的刀（工具）
　　　我家做家具的木料（材料）

这与无空位的事件义名词补足语小句结构非常相似。但工具、材料名词与上文中的条件名词在语义上明显不同。条件名词属于英语中的关系名词（relational nouns）（Löbner 1985，De Bruin & Scha 1988，Partee & Borschev 2012），也即一价名词（袁毓林 1994）。这些名词可以关涉一个事件论元，它们需要事件来作为定义自身的基础。但工具、材料名词不同，它们本身是实体名词（entity nouns），在语义上是自足的，不需要依附其他实体或事件存在。

当然，工具、材料名词在句法上也表现出了它们与真正的条件名词的区别：工具、材料名词都可以进行话题化操作成为句子的话题，附加语空位旁格关系句也可以直接转指中心语，但条件名词及其触发的名词补足语小句都不能完成这两项操作。这一点我们在第三章中也有讨论。例如：

（51）那把刀妈妈切菜。／那把刀是妈妈切菜的。
　　　那些木料我做家具。／那些木料是我做家具的。
（52）*那种手段他陷害别人。／*那种手段是他陷害别人的。
　　　*那种方法我们写论文。／*那种方法是我们写论文的。

工具、材料名词可以构成与条件名词类似的无空位关系化结构，并使用功用角色与特定的事件相互关联。但它们在语义和句法上还是有别于条件名词的。它们所构成的无空位关系化结构也不是事件义名词补足语小句结构。

以目标类名词为中心语的事件义名词补足语小句结构的隐含谓词是名词的处置角色"达到"。度量类名词构成的事件义名词补足语小句结构的隐含谓词也同样是处置角色。这是因为这些名词所表达的概念是客观存在的。与其相关的事件 VP 只是将这些名词所指的概念表现出来，并将它们作为评价的标准。"时间、处所"作为背景则很难以谓词和 VP 事件相联系，但总可以用存在介词，即时间、处所类名词的"定位角色""在"来表现。

从上面的讨论可以看出，在事件义名词补足语小句结构中，某一类特定的事件属性名词总是能触发一个特定物性角色的隐含谓词（表 5-3），来表示 VP 与 N 之间的句法语义联系。即使这个隐含谓词有时根据语言规约无法实现在句法表层或者可以实现为多个不同谓词，但是，它总是会通过某个特定的物性角色与事件 VP 发生语义上的联系，从而为事件义名词补足语小句的语义解释提供概念结构方面的理据。

表 5-3 物性角色控制下的事件属性名词与隐含谓词的关系

事件属性	例词	隐含谓词的物性角色
原因	原因（导致）	行为角色
结果	效果（表现）、得失（存在）	施成角色
过程	流程（？包括）、情况（表现出）	施成角色/构成角色
条件	基金（使用）、运气（凭借）、标准（依照）	功用角色
目标	目的（达成）	处置角色
度量	强度（达到）	处置角色
处所	日子（在）、时间（在）	定位角色
时间	场地（在）、环境（在）	定位角色

事件义名词补足语小句结构中，事件属性名词与 VP 事件的关系可以由名词的聚类和物性角色的类型推导出来。对于每一类名词来说，在其所构成的名词补足语小句结构中，总能够在该结构中补出特定物性角色，说明名词补足语小句结构中的事件 VP 与中心语事件属性名

词之间的语义关系。因此，引入物性角色对隐含谓词进行限定后，原本不一致的隐含谓词可以在名词类和物性角色类的控制下实现类型内的一致。同时也说明，在事件义名词补足语小句结构中，的确存在一个隐含谓词。而这个隐含谓词是由事件属性名词概念结构中的物性角色投射出来的。

5.5 事件属性名词的语义与名词补足语小句结构的实质

从上文分析可以看出：事件属性名词总是可以从自身的概念结构中固定地释放出一个谓词性成分，并且这个谓词性成分通常可以关联一个事件类型的论元。事件属性名词的这种语义特点在句法层面实现时，就会形成一个事件义名词补足语小句结构。在这一结构中，能够关联事件论元的谓词被压缩进中心语名词的语义结构中，在语义解释过程中通常又可以释放回逻辑式（logic form）层面。因此，在"VP［事件］的N［事件属性］"这一结构中，实现为定语的VP［事件］可以视为事件属性名词的一个论元，这样，事件属性名词就成为了一个带事件类型论元的一价名词。

由于事件属性名词所关涉的论元在语义类型（semantic type）上要求是"事件"类型而非实体类型，因而，即使事件属性名词的定语位置出现个体名词，也会发生类型强迫（Pustejovsky 1991，宋作艳 2014）而转化为事件类型名词。例如：

（53）a. 皮球的<u>颜色</u>　　　b. 公司的<u>情况</u>
　　　　报纸的<u>大小</u>　　　　老张的<u>目的</u>
　　　　行李的<u>重量</u>　　　　妈妈的<u>声音</u>
　　　　学生的<u>性别</u>　　　　车祸的<u>原因</u>

例（53）a组中，中心语名词都是典型的关涉实体的一价名词，其所描写的属性是静态的、稳固的。而b组中，"情况、目的、声音"并不是它们的定语名词所具有的静态属性，而是"公司、老张、妈妈"作为主体参与的某个事件的属性。比如：

（54）公司［运转］的情况
　　　老张［做这件事］的目的
　　　妈妈［说话/走路］的声音

而"原因"则很难受到实体名词的修饰，比如"*他的原因"[1]。只能受到事件名词（韩蕾2004）的修饰，如（53）b组中"车祸的原因"。施春宏（2012）将这种词项功能与结构原型功能不吻合的情况称为"压制"[2]，并认为在压制过程中，不吻合的词项会调整其能凸显的侧面来与整个结构达成契合。因此，当事件属性名词受到实体名词修饰时，会首先强迫实体名词转变为事件类型，然后才能与之建立句法、语义上的联系。

事件属性名词的语义是控制整个事件义名词补足语小句结构的核心成分。类似于关联实体名词的一价名词，事件属性名词的概念结构为事件提供一个论元角色，并能够触发一个具有特定物性角色的谓词来连接事件与自身。对于每个事件属性名词来说，它们的语义中总是蕴涵着一个相关的谓词。这个谓词的语义被压缩进事件属性名词的词

---

[1] "就是他的原因，我们才失败了"是合法的。但这里"他的原因"表示的是同指性修饰："他＝原因"，并不表示事件义"*导致他的原因"。不过，即使在同指性修饰结构"他的原因"中，也存在事件强迫现象，"原因"是"他做了某事"，而不是"原因"是"他"。所以，"原因"这类既可以触发内容义名词补足语小句又可以触发事件义名词补足语小句的名词，可以带有两个事件论元，应该视为二价名词。但本书暂不对此进行深入讨论。

[2] 原文为"构式压制"。但施春宏（2012）采用广义的"构式"概念，即构式是形义结合体，因此本书为前后文连贯，采用"结构"概念。

汇意义中，并且通常能够在定语小句中以显性的词汇形式表达出来。

使用Leech（1981）提出的"降级述谓结构"对事件属性名词进行描写，可以发现，所有的事件属性名词都可以分解为一个谓词和一个名词性论元来指谓事件属性名词本身的语义；同时还需要带有一个描述事件的一阶谓词作为论元。因此，事件属性名词的语义可以被抽象为：

$$N_{事件属性} <a\ P\ E>$$

其中，P是$N_{事件属性}$语义结构中所包含的谓词性成分，同时也是$N_{事件属性}$的某种物性角色。而a是N事件属性中的个体性成分，它通常指向一件事或一个实体。比如"机会"的语义是由其功用角色谓词P和指称特定时间的a构成的。而E则是$N_{事件属性}$的事件论元。针对不同语义类的名词，我们可以将它们的P细化为相对于N的固定的物性角色。这样，我们就可以对以上六类名词的语义结构进行更精细的描写：

$N_{原因类}$：事件<它$P_{行为角色}$（导致）某件事>
$N_{结果类}$：事件或实体<某件事$P_{施成角色}$（导致）它>
$N_{过程类}$：部分<某件事$P_{施成角色}$（有）它>
$N_{条件类}$：因素<某件事$P_{功用角色}$（使用）它>
$N_{目的类}$：状态<某件事$P_{处置角色}$（达到）它>
$N_{度量类}$：程度<某件事$P_{处置角色}$（达到）它>
$N_{时间类}$：时间<某件事$P_{定位角色}$（在）它>
$N_{处所类}$：位置<某件事$P_{定位角色}$（在）它>

在以上分析的基础上，我们来重新审视朱德熙（1983）所定义的自指"的"字结构。词汇层面的自指和转指是指动词的名词化。从语义的角度看，谓词性成分自指是一种单纯是词类的转化，语义保持不变。比如英语的后缀 "-ness"；而谓词性成分的转指是除了词类的转化以外，动词名词化后的词义也发生了明显的变化。例如英语的后缀 "-er"。汉语缺乏词汇层面的名词化标记，但在句法平面上，名词化也有自指和转指的区别。朱德熙（1983）指出："that" 引出的名词从句就有自指和转指两种类型。例如：

(55) a. The diamond that she stole was lost.
　　 b. That she stole the diamond is incredible.
　　 c. The fact that she stole the diamond has been proved.[①]

例（55）a 中的 that 从句指向定语从句中谓词的论元，因此属于转指；(55) b、c 中的 that 从句指向自身，因此属于自指。对比来看，事件属性名词做中心语的事件义名词补足语小句结构是由事件属性名词内部所包含的支撑性动词（隐含谓词）所支配的。因此，压缩了支撑性动词的事件属性名词不仅是句法核心（定语中心语），同样也是语义核心。在语义上，事件属性名词因为包含了被压缩了的谓词的语义，相当于一个谓词捎带了一个论元（更加严格地说，是一个论元捎带了一个谓词）。因此，事件属性名词构成的事件义名词补足语小句结构实际上也是指向隐含的核心谓词（支撑性动词）的论元，只是这个核心谓词在句法表层被压缩进了中心语名词中。对比转指 "的" 字结构和事件属性名词所构成的 "的" 字结构的形成机制就可以发现这一点。

　　关系小句：$V_{核心谓词} + N_{论元} \rightarrow V 的 N_{论元}$
　　　　　　吃　　+ 饭 → 吃的饭

---

① 引自朱德熙（1983）例 4、6、7。

事件义名词补足语小句：

$N_{论元}$ + ($V_{核心谓词}$) + $VP_{论元}$ → $V_{核心谓词}$ + $VP_{论元}$ 的 $N_{论元}$

技术 + (指导) + 开车 → 指导 + 开车 的 技术

→ $VP_{论元}$ 的 $N_{事件属性(V核心谓词+N论元)}$

→ 开车的技术

可见典型的关系小句和事件属性名词所构成的"的"字结构在生成方式上非常相似。它们之间的区别只是关系小句直接形成一个"VP+的"结构，其中"$V_{核心谓词}$"实现在句法表层；而事件名词所构成的名词补足语小句中，$V_{核心谓词}$被压缩进事件属性名词中，并没有实现在句法表层。这造成这两种"的"字结构在指代功能上的差别：前者可以独立指称，后者则不能独立指称其中心语名词。

另一类名词补足语小句结构：内容义名词补足语小句结构的形成机制也与事件义名词补足语小句结构类似。内容义名词补足语小句结构的中心语内容义名词本身描述一个事件，为事件提供一个外壳，因此也有研究称这类名词为"容器名词"或"外壳名词"（shell-nouns）（Schmid 2000）。内容义名词像事件属性名词一样，是整个名词补足语小句结构的语义核心和句法核心。可以假定，内容义名词的降级述谓结构中总是包含谓词"是"。

内容义名词：事件 <a 是 E>

内容义名词补足语小句结构的生成机制也可以视为中心语名词内置或"吞并"了连接事件与名词的核心谓词"是"。例如：

内容义名词补足语小句结构：

$N_{论元}$ + 是$_{核心谓词}$ + $VP_{论元}$ → (是$_{核心谓词}$) + $VP_{论元}$ 的 $N_{论元}$

事情 + 是 + 他给我写信 → (是) 他给我写信的事情

→ $VP_{论元}$ 的 $N_{内容(是+N论元)}$

→ 他给我写信的事情

正如袁毓林（2003）所指出的，存在论元空位的"VP的"结构属于局部性地（locally）转指VP中所缺的论元成分，而限定性自指结构和同指性自指结构则是全局性地（globally）转指由VP造成的事态或属性。因此，事件属性名词所构成的"的"字结构并不是指向"事件"本身的自指结构，它仍然是一个指向隐含的核心谓词的论元的转指结构。只不过小句中的核心谓词在句法实现时被包裹进了名词的语义中，从而曲折地实现为一个全局性的转指。

5.6 小结

本章围绕第二章中提出的名词补足语小句进行讨论。发现这类结构内部存在两种类型：由内容义名词构成的名词补足语小句和由事件属性义名词构成的名词补足语小句，进而从句法、语义两方面给出了两类结构的区分标准。接着，本章针对事件属性名词与事件VP的选择限制关系，分析了事件义名词补足语小句的形成方式。从语义上来看，根据事件属性名词与作为定语小句的事件VP之间的语义关系，可将事件属性名词分为：原因、结果、过程、条件、度量、目标、时间、处所八类；从句法上来看，每类事件属性名词在名词补足语小句结构中可以固定地激活特定语义类的隐含谓词。通过引入名词的物性角色，可以发现，同类的事件属性名词所激活的隐含谓词具有相同的物性角色。这同时也证明了在名词补足语小句结构中使用隐含谓词进行释义的必要性和合理性。最后，本章就事件属性名词的语义特点进行了讨论，认为事件属性名词属于关涉事件论元的一价名词。并以此为基础，对汉语中自指"的"字结构进行了重新分析，认为事件属性名词构成的无空位"的"字结构的实质是名词内部压缩了谓词语义后形成的"全局性转指"结构。

　　本章从事件义名词补足语小句的语言事实出发，通过对中心语名词的分类和描写，进而找到该结构中名词和定语 VP 之间的关系，并通过名词的语义结构对这种关系进行聚类和限制。不过，从事件义名词补足语小句的生成机制和形成过程来看，是由于事件属性名词本身的语义结构，导致其可以直接进入"VP+ 的 +N"类名词补足语小句结构中，并且通常将结构中的支撑动词省略。关于事件属性名词的语义结构及其他方面的句法表现，还需在今后的研究中进一步深入挖掘。

第六章　内容义名词对名词补足语小句的语义限制

——兼谈内容义名词的叙实性

6.1　引言

内容义名词能跟其内容义补足语小句构成"VP+的+N"结构。第二章和第五章讨论了内容义名词与其补足语小句的句法、语义关系，内容义补足语小句指向其中心语所表达的具体内容，具有同指意义，因此，文献中一般会将这类结构称为"同位语小句"（appositive clause）。内容义名词通过语义空位允准一个内容义小句，因此可以认为，在这一名词性修饰结构中，中心语内容义名词是整个结构的核心，在句法和语义上支配其补足语小句。第五章已从句法层面论证了内容义名词包含一个隐含谓词"是"，来连接中心语和补足语小句，本章将集中于语义层面上中心语名词语义对内容义补足语小句的支配和控制情况，这种控制主要表现为内容义名词对于其补足语小句真值的规定。

Schmid（2000）、Flowerdew & Forest（2015）发现英语中存在一类外壳名词（shell noun）/信号名词（signaling noun），它们在语义上不自足，通常可以指称某个事件或与某个事件存在意义上的关联。基本等同于本书所述的内容义名词和事件属性名词。外壳名词在语篇连贯上具有重要作用。其语篇作用在句法上主要实现为三类结构：一、判断句。外壳名词做主语或宾语的判断形式可以对某一信息做性质上的判定，连接两类信息或两个事件。例如：

（1）出具保留意见或无法表示意见，<u>原因</u>是审计范围受限。

在本例中"原因"判断句连接了前后两个事件，衔接前后语篇。二、回指。外壳名词可以用于语篇回指，用以包装大量复杂的内容，帮助听话人快速激活已知信息。例如：

（2）从那以后，马晓军常请我到影院看电影，我不清楚我为什么一次也没有拒绝。我与马晓军看电影的事渐渐在班里传开了，同学们都以为我们在谈恋爱，最后老师知道了，还找我们谈了一次话。……我不敢让爸爸知道<u>这件事</u>，便哀求老师千万别告诉我的父母。

例（2）中"这件事"回指前文中所述的事件，该事件比较复杂，使用多个小句进行表达，在后文重新提及时，便使用外壳名词进行包装回指。三、名词补足语小句结构。由外壳名词构成的名词补足语小句结构可以在一个句子中表述出两个相关事件的联系，并将其中一个事件包装为背景信息。例如：

（3）王位世袭是生产力发展<u>的结果</u>。

例（3）中将"王位世袭"和"生产力发展"两个事件通过外壳名词"结果"联系起来，并展示了这两者之间的逻辑关系。此外，Flowerdew & Forest（2015）还提到，外壳名词本身的语义通常昭示着说话人对信息类型的判断，尤其是在语篇回指和补足语小句中，说话人将这些信息包装为哪个外壳名词，直接影响听话人的理解。例如：

(4) 近年来，国外不断有人拿中国的国防开支做文章，炮制"中国军事威胁论"，……他以充分的数据和事实以及多方面的国际比较，令人信服地驳斥了<u>这种谬论</u>。

例（4）中说话人使用"这种谬论"对"中国军事威胁论"进行回指，不仅包装了前文的复杂论述，同时传达出"所指事件"为"谬论"的判断。可见外壳名词除了语义内容不自足的特点外，有时还包含着其他语义信息。本章即着眼于内容义名词影响所指信息性质的特点，在内容义名词补足语小句结构中展开研究，讨论作为结构核心的内容义名词是如何影响补足语小句真值的，进而分析内容义名词的叙实能力。

6.2　名词是否具有叙实性？

Flowerdew & Forest（2015）提到，内容义名词对其所指内容性质的判定类似于"叙实性"的功能。但他们并未对此进行详细阐述。叙实性原本是特定谓词的语义功能，它指有些可以带从属述谓结构（subordinate predications）作为其补足语小句（complement clause）的谓词，通过自身概念结构的语义限制，可以推演出（entail）补足语小句所表示的命题的真值。Kiparsky, C. & Kiparsky, P.（1970）首先将可以推演其补足语小句为真的谓词性成分称为"叙实谓词"（factive predicate），比如："significant、odd"；而将无法推演其补足语小句为真的谓词性成分称为"非叙实谓词"（non-factive predicate），比如"likely、possible"。之后，Leech（1981）进一步将这种谓词推演其宾语真值的能力概括为"叙实性"（factivity）。在 Leech（1981：302）的定义中，当动词能够确保其从属述谓结构（补足语小句）为真时，就是叙实动词，如例（5）a；当动词能够确保其补足语小句总为假时，就是反叙实动词，如例（5）c；而当动词无法规定其宾语小句的真实性时，就是非叙实动词，如例（5）b。

（5） a. Marian realized that her sister was a witch.（玛丽安意识到她姐姐是个巫婆。）

b. Marian suspected that her sister was a witch.（玛丽安怀疑她姐姐是个巫婆。）

c. Marian pretended that her sister was a witch.（玛丽安佯称她姐姐是个巫婆。）①

Leech（1981：304）在分析叙实动词的特点时指出：叙实动词的肯定或否定形式都能够推演其补足语小句为真。比如"I'm sorry that he lost his job."和"I'm not sorry that he lost his job."可以一致地推出"He lost his job."的事实。因此，叙实动词和反叙实动词构成的命题，应该是以补足语小句或补足语小句的否命题为预设（presupposition）的。基于这种认识，袁毓林（2014c）在前人研究的基础上，为动词的"叙实性"进行了定义："（动词的叙实性）指谓词及其否定式能否推演其宾语所表示的命题是真或是假的能力"，并根据汉语材料重新定义了叙实词、半叙实词、逆叙实词（反叙实词）和非叙实词四种类型。② 李新良（2013）据此分类，比较全面地调查了汉语动词的叙实性。例如：

（6）a. 我知道他去了北京。→ 他去了北京。

b. 我不知道他去了北京。→ 他去了北京。

---

① 本例中文翻译引自李新良、袁毓林（2016）例（2）。

② 袁毓林（2014c）将肯定式和否定式都预设宾语所表示的命题是一个事实的动词称为叙实词，把只有肯定式或否定式预设宾语所表示的命题是一个事实的动词称为半叙实词，把肯定式预设宾语所表示的命题不是一个事实的动词称为逆叙实词，把肯定式和/或否定式都不预设宾语所表示的命题是（或不是）一个事实的动词称为非叙实词。

第六章 内容义名词对名词补足语小句的语义限制　175

（7）a. 我ᵢ幻想自己ᵢ变成了一只小鸟。→ 我没有变成一只小鸟。

　　　b. 我ᵢ没幻想自己ᵢ变成了一只小鸟。→ 我没有变成一只小鸟。

根据例（6）和例（7）两组例子，可以得知"知道"是一个叙实动词，而"幻想"是一个反叙实动词。同时，还存在这样一些动词：动词的肯定式和否定式并不能推演其补足语小句命题的真值情况，也即 Leech（1981）、袁毓林（2014c）提到的"非叙实动词"。例如：

（8）a. 我相信他说了实话。→ 他说了实话。/ 他没说实话。

　　　b. 我不相信他说了实话。→ 他说了实话。/ 他没说实话。

动词叙实性的实质是谓词语义内容中对现实世界"真"和"假"的判断，通过规定其补足语小句的真值，影响整个命题的预设。除动词外，其他句法成分也有提示预设的作用，这些能够触发命题预设的句法成分统称为"预设触发语"（presupposition triggers）。Levinson（1983）根据 Karttunen & Peters（1977）的研究，总结出了 13 类预设触发语，其中包含副词、叙实/反叙实动词以及特殊句式等。但这些类型中并不包含名词或名词短语成分。那么，名词是否具有提示真值的功能呢？逻辑学家和语言学家讨论较多的问题是，命题中的名词论元是否"有指"（McCawley 1993）。例如：

（9）The King of France is bald.（法国国王是秃头。）

在这一经典例句中，预设应该是"存在法国国王"。但由于预设本身为假，因此整个命题就没有真值。除此之外，就笔者所见，学界对名词或名词短语参与命题预设的情况很少提及。实际上，汉语中存

在一部分名词,它们像叙实性动词一样,可以推演其从属述谓结构的真值。例如:

(10) 张三爱李四的事实

名词"事实"意为"事情的实际情况",词汇意义规定"事实"所指向的内容在现实世界或说话人的信念世界中为"真"。因此,例(10)中的内容义定语小句受到"事实"的语义约束,可以推导出"张三爱李四"这一命题为真。但相对于动词的叙实性来说,名词的情况要复杂得多。首先,名词及其定语小句之间的关系一般被认为是修饰关系(modification)。名词作为被修饰的成分,很难像动词那样对其从属性小句进行语义和句法上的支配(构成述宾结构)。因此,名词是否具有推演其定语小句真值的叙实性功能尚需论证。其次,"定语小句+名词"结构是名词短语,而非完整句子;要论证名词是否具有像谓词一样的"叙实性",首先要看这些名词能否使从属述谓结构成为其所在命题的预设。因此,第一步就要求名词短语进入一个小句中充当论元,然后按照或模仿动词叙实性的标准,通过主句的肯定和否定形式来验证定语从句能否成为主句命题的预设。

那么,名词是否真的具有叙实性呢?什么样的"定语从句"能够受到名词的语义限制从而成为主句的预设呢?当"定语小句+名词"的格式进入主句成为谓词的论元时,谓词的语义特征是否会影响到名词的叙实性表现呢?这都是下文要讨论的问题。

6.3 名词补足语小句和名词的叙实性现象

内容义补足语小句和事件义补足语小句都是以中心语名词作为句法、语义核心形成的结构。但事件义补足语小句中,中心语名词并不

第六章 内容义名词对名词补足语小句的语义限制

能规定小句的真值，因为事件属性名词描述已发生事件的某个方面，因此这类补足语小句在现实生活中通常为确实发生的事件，即小句所述命题为真。例如：

（11）a. 汽车着火的原因
b. 汽车着火的过程

在例（11）a、b 中，事件义补足语小句"汽车着火"一定在现实世界中已经发生，这样才有可能继续讨论其"原因"和"过程"。但内容义名词补足语小句的真值可以受到其中心语的语义约束。例如：

（12）a. 公司财务亏损严重的<u>真相</u>
b. 他去过北京的<u>谎言</u>
c. 那个女明星已经与男友结婚的<u>消息</u>

例（12）a—c 中的补足语小句表示和充实了中心语名词的具体内容。因此，名词的语义特征，尤其是名词的语义结构中对其"CONTENT"真值的要求，会直接影响补足语小句的真值。如例（12）a 中，"真相"要求其所述内容为真，因此补足语小句"公司财务亏损严重"所表述的命题为真；相应地，（12）b 中"谎言"要求其所述内容语义为假，因此"他去过北京"所表述的命题为假；而（12）c 中的"消息"对其所述内容的真假没有要求，所以"那个女明星已经与男友结婚"所表示的命题真值不确定。

名词对其内容义补足语小句真值的约束，正类似于叙实/反叙实动词对其补足语小句真值的限制。因此，名词的补足语小句应该是名词叙实性功能的句法实现手段，也是我们研究名词叙实性的出发点。

例（12）显示内容义名词可以通过自身语义控制其补足语小句的真值。但是，名词的内容义定语小句是否能够像动词补足语小句那样，具有命题"预设"的意义,还需要更加严格的证明方法。

Allwood et al.（1977：175）讨论"预设"概念时曾提出,作为逻辑语义的"默认"也可以在语用层面进行分析。语用的预设是通过上下文语境（context）来进行测试的。当某一个命题所表达的意义跟语境中的其他语句在语义上具有"适当"或"恰当"的关系时,就可以认为这个命题是一个预设。因此,通过构建语义一致或语义乖违的语境,就可以看到特定的命题是不是相关命题的预设。基于这一理论背景,李新良（2013）曾使用"追补测试"来对动词的补足语小句是否可以成为主句命题的预设进行检验。例如：

（13）a. 我知道他来了。→ 我知道他来了,事实上他真来了。
　　　b. 我认为他来了。→ 我认为他来了,事实上他真来了。
　　　c. 我幻想他来了。→ 我幻想他来了,事实上他没来。
（14）a. 我知道他来了。→ *我知道他来了,其实他没来。
　　　b. 我认为他来了。→ 我认为他来了,其实他没来。
　　　c. 我幻想他来了。→ *我幻想他来了,其实他真来了。[①]

例（13）追补了与预设语义一致的后续小句,因此例（13）中的句子都是可接受的。而例（14）a 和例（14）c 则追补了与预设语义相互舛逆的小句,因此都是不可接受的。而（13）b 和（14）b 的例子都可以接受,说明"认为"不能触发预设,是非叙实动词。相应地,我们也可以使用追补后续小句的方法对受补足语小句修饰的名词进行测试,使"补足语小句+名词"结构中的补足语小句成为后续句的宾语焦点。例如：

[①] 例（13）和例（14）引自李新良（2013：23）的例（4）和例（6）。本书调整了其中部分例句的排序。

(15) a. [他相信]地球围着太阳转的真理,事实已经证明地球真的是围着太阳转的。

b. [他相信]小王去过北京的谎言,事实证明小王根本就没去过北京。

c. [他相信]那个女明星已经与男友结婚的消息,事实是那个女明星确实跟男友结婚了。

(16) a. *[他相信]地球围着太阳转的真理,事实是地球其实并不围着太阳转。

b. *[他相信]小王去过北京的谎言,事实是小王确实去过北京。

c. [他相信]那个女明星已经与男友结婚的消息,事实是那个女明星并没有结婚。

对比例(15)和例(16),可以发现名词的叙实性的确能够通过追补跟其补足语小句意义相同或相反的后续小句来进行验证。所以例(16)a 和(16)b 是不合语感的。当然,有一些"补足语小句+名词"结构似乎不容易通过后续句来测试其叙实性。例如:

(17) a.?[警察在调查]他出国的事实,其实他真的出国了。

b.?[警察在调查]他贪污的真相,其实他真的贪污了。

因此,对于"补足语小句+名词"来说,仅仅使用追补后续句来判断预设是不够的,还需要使用其他手段来判定名词的叙实性特征。

根据 Leech(1981)和袁毓林(2014c),动词的叙实性是在主句中进行测试的:通过对主句进行肯定和否定,来判断补足语小句的真值是否不变。但这种有效的测试手段却很难类推到"补足语小句+名词"结构中。因为这一结构只有进入到一个动词的论元框架中,才可能成为命题的组成成分。因此，要研究名词的叙实性，必须让名词进入一个句子中充当论元成分，才能采用"肯定/否定式推演"的预设判定手段。

引入一个动词使其与"内容义补足语小句+名词"构成一个主句命题，是对名词叙实性进行测试的第一步。下面，我们以"愿望"为例，来看引入动词的方法是否可行：

（18）每个人都过上幸福生活的<u>愿望</u>

由于内容义名词"愿望"的特殊语义："希望将来能达到某种目的的想法。"其补足语小句的内容被规定为："将来能达到的某种目的"。因此，凭借直观的时制判断，补足语小句"每个人都过上幸福生活"的命题真值应该为假。并且当"补足语小句+名词"结构进入主句充当论元时，主句的肯定式和否定式也都可以推演"每个人都过上幸福生活"为假。例如：

（19）a. 我一直怀**有**<u>每个人都过上幸福生活的愿望</u>。
　　　→ 不是每个人都过上（了）幸福生活。
　　　b. 我从来**没有**过<u>每个人都过上幸福生活的愿望</u>。
　　　→ 不是每个人都过上（了）幸福生活。

根据例（19）的肯定与否定测试，"愿望"一词似乎可以被认定为反叙实名词。可是问题并非如此简单。当主句中的谓词发生变化时，补足语小句的真值就会随之改变。"愿望"的补足语小句的否定式就不再是整个句子命题的预设。例如：

（20）a. 经过努力，我们终于**实现了**<u>每个人都过上幸福生活的愿望</u>。
　　　→ 每个人都过上（了）幸福生活。

b. 我们最终没能**实现**每个人都过上幸福生活的**愿望**。
→ *每个人都过上（了）幸福生活。/ 不是每个人都过上（了）幸福生活。

即使根据名词的语义特征可以推断出"不是每个人都过上（了）幸福生活"的命题为真（例（18）），一旦进入主句的环境中，名词本身的语义就很容易被主句动词的意义所消解。因此，名词的叙实性研究比动词叙实性更加复杂，所涉及的因素也更多。

毋庸置疑，如果想要讨论名词的叙实性，必然需要先构建一个以"补足语小句+名词"为论元的命题。这个命题是否以补足语小句"P"或"¬P"为预设，则很大程度上取决于构成主句命题的谓词。这一点在上面的例子中已可见端倪。那么，要怎样构建一个关于"补足语小句+名词"的命题呢？或者说，我们要怎样去选择主句命题的谓词呢？Pustejovsky（1991）所提出的"生成词库论"，尤其是其中"物性角色"的名词描写框架，给了我们很大的启示。名词对搭配何种动词的选择限制来源于名词语义中的物性角色框架。这为我们选取何种动词，以及如何选取动词提供了比较可靠的理论依据。

6.4　名词的物性角色和叙实性的检验与分类

名词叙实性的检验要依靠引入一个谓词构建主句命题。而选取什么样的动词，则由名词的物性角色框架来决定。袁毓林（2013、2014a）根据描写汉语名词的组合约束的需要，将 Pustejovsky（1991）的四类名词物性角色扩展为十类。其中，有四类动词性角色可以跟名词构成"谓词-论元"结构："施成（agentive）、功用（telic）、行为（act）、处置（handle）"。它们与名词的关系分别定义为：

施成（AGE）：名词所指事物是怎么样形成的。例如"创造、存在"等；

功用（TEL）：名词所指事物的用途和功能。例如"吃（食品）、喝（水）"等；

行为（ACT）：名词所指事物的惯常性的动作、行为、活动。例如"（水）流动、（树）生长"等；

处置（HAN）：人或其他事物对名词所指事物的惯常性动作、行为、影响。例如"打（水）、拿（东西）"等。

这四类角色与名词的概念结构息息相关，是名词语义表达的基础。我们将使用这些物性角色与"补足语小句+内容义名词"（下文用"XP 的 N"代表）共同构建命题，并通过主句命题来观察内嵌命题 XP 的真值情况。

由于内容义名词意义抽象，因而缺少特定的"行为角色"；而在与"功用角色"进行搭配时，"XP 的 N"结构则总是实现为动词的主语或状语（由"用"类动词引导）。例如：

（21）曲阜单家村煤矿战胜罕见的奥灰岩溶水这一特大自然灾害的事迹，充分展示 $_{TEL}$ 了工人阶级困难面前不低头的大无畏英雄气概。

（22）因此说是用中国革命及经济建设成功的事实发展 $_{TEL}$ 了马克思主义。

（23）用"生死有命，富贵在天"的谎言来束缚 $_{TEL}$ 人民的思想观念，麻醉 $_{TEL}$ 人民的反抗意识。

由于主语和状语位置的名词性结构通常处于句子的内部否定（internal negation）的辖域之外，因而主句的肯定/否定式对处在这些位置上的"XP 的 N"影响不大。据此，这里主要使用"施成"和"处置"两类角色进行测试。观察当"XP 的 N"在主句中实现为宾语时，XP 是否会随着主句肯定/否定形式或谓词角色的改变而改变其真值。

据此，我们将使用下列公式对内容义名词的叙实性进行测试：

    A. AGE + XP 的 N　　　　如：编造食用油涨价的谎言。
    B. NEG + AGE + XP 的 N　如：没有编造食用油涨价的谎言。
    C. HAN + XP 的 N　　　　如：戳穿食用油涨价的谎言。
    D. NEG + AGE + XP 的 N　如：没有戳穿食用油涨价的谎言。

根据以上测试标准，在理想的情况下，当 A—D 能够同时推出"XP+ 的 +N"中的 XP 为真时，那么这种名词是叙实名词；当 A—D 同时推出"XP+ 的 +N"中的 XP 为假时，那么这种名词是反叙实名词。根据这样的方法，我们对从古川裕（1989）中选取的 79 个内容义名词以及根据实际语料库补充的 7 个内容义名词（共 86 个名词）进行测试。这些名词的"施成"和"处置"角色，是从北京大学中国语言学研究中心的 CCL 语料库真实文本的搭配用例中抽取出来的。通过测试，可以得到汉语名词的叙实性分类，而这种分类的基础，就是内容义名词对其名词补足语小句真值的控制情况。

6.4.1　叙实名词

叙实名词包括以下两类：

    "情况/事件"名词：事实、事迹、真相、故实、史实
    "道理"名词：真理、真谛[①]

[①] "故实、史实、真谛"以及 6.4.2 节中的"谎话、幻觉、幻景"和 6.4.3.2 节中的"样子"是我们新增的。

根据以上定义，叙实名词应该在 A—D 四种格式的小句中都推演其名词补足语小句为真。可是事实并非如此。叙实名词的施成角色单一，只能是表示存在的动词。比如"有、存在"等。并且"XP+的+叙实名词"很少与其施成角色共现，所以在真实语料中少有 A 类结构。此外，叙实名词还在句法上排斥 B 类结构，即不能否定其施成角色。例如：

（24）a.？有_AGE 企业处于危险境地的真相。→ 企业处于危险境地。（A）

b.＊没有_AGE 企业处于危险境地的真相。（B）

c. 全体职工都听说_HAN 了企业处于危险境地的真相。→ 企业处于危险境地。（C）

d. 全体职工都没听说_HAN 企业处于危险境地的真相。→ 企业处于危险境地。（D）

（25）a.？他有_AGE 帮助孤寡老人的事迹。→ 他帮助孤寡老人。（A）

b.＊他没有_AGE 帮助孤寡老人的事迹。（B）

c. 媒体都在宣传_HAN 他帮助孤寡老人的事迹。→ 他帮助孤寡老人。（C）

d. 媒体都没宣传_HAN 他帮助孤寡老人的事迹。→ 他帮助孤寡老人。（D）

这两类名词之所以具有叙实性，与其内部的语义结构存在着密切的关联。可以触发叙实特征的语义共性是：要承认名词所指称的内容是现实世界真实发生的。这种"真实发生"的判断，来源于名词的语义结构中的定义。叙实名词词义概念中将内容论元设定为真，因此词汇概念已经规定了一个"真命题"。这使得 XP 在任何情况下均为真。

这一点也可以从叙实名词的词典释义中窥得[①]：

【事实】事情的真实情况。

【事迹】个人或集体过去做过的比较重要的事情。

【真相】事情的真实情况（区别于表面的或假造的情况）。

【故实】以往的有历史意义的事实。

【史实】历史上的事实。

【真理】真实的道理，即客观事物及其规律在人的意识中的正确反映。

【真谛】真实的意义或道理。

这些词汇的语义中都包含了"真"或"正确"的概念，这些概念要求名词限制其内容的真值，使之必须为真。

6.4.2　反叙实名词

反叙实名词包括以下三类：

"言语"名词：谎言、谎话、谬论、谣言

"情况/事件"名词：假象、错觉、幻觉、幻景、前景

"意念"名词：念头、幻想

这些名词在A—D四种格式的测试中均推演其补足语小句的否定性命题。例如：

（26）a. 他编造_AGE_了女朋友是外国人的谎言。→（他）女朋友不是外国人。（A）

b. 他没有编造_AGE_女朋友是外国人的谎言。→（他）女朋友不是外国人。（B）

[①] 文中所有词语释义均来自《现代汉语词典》(第6版)。

c. 我相信_HAN 了<u>他女朋友是外国人</u>的<u>谎言</u>。→ 他女朋友不是外国人。（C）

d. 我没有相信_HAN <u>他女朋友是外国人</u>的<u>谎言</u>。→ 他女朋友不是外国人。（D）

（27）a. 犯罪分子为干扰警方的视线，**制造**出_AGE <u>已经逃离桂林</u>的<u>假象</u>。（A）

→ 犯罪分子没有逃离桂林。

b. 犯罪分子并没有**制造**出_AGE <u>已经逃离桂林</u>的<u>假象</u>。（B）

→ 犯罪分子没有逃离桂林。

c. 警方**相信**_HAN 了<u>犯罪分子已经逃离桂林</u>的<u>假象</u>。（C）

→ 犯罪分子没有逃离桂林。

d. 警方**不相信**_HAN <u>犯罪分子已经逃离桂林</u>的<u>假象</u>。（D）

→ 犯罪分子没有逃离桂林。

（28）a. 他突然**萌发**_AGE 了<u>学习修理钟表</u>的<u>念头</u>。

→ 他没有学习修理钟表。（A）

b. 他没有 _AGE <u>学习修理钟表</u>的<u>念头</u>。

→ 他没有学习修理钟表。（B）

c. 他**坚定**_HAN 了<u>学习修理钟表</u>的<u>念头</u>。

→ 他没有学习修理钟表。（C）

d. 他**放弃**_HAN 了<u>学习修理钟表</u>的<u>念头</u>。

→ 他没有学习修理钟表。（D）

他尚未**坚定**_HAN <u>学习修理钟表</u>的<u>念头</u>。

→ 他没有学习修理钟表。（D）

在测试过程中，例（28）c "坚定了 XP 的念头" 并没有口语化的分析型否定式，比如："*没有坚定 XP 的念头"。但是，可以有书面化的分析型否定式。比如:"尚未坚定 XP 的念头"。还可以通过使用动词的反义词形式,对语义进行否定。比如"坚定了 XP 的念头",其语义上的否定表达可以是"放弃了 XP 的念头"。

反叙实名词的种类和数量都要多于叙实名词。根据语义特征,这些反叙实名词可以分为两类。第一类是带有[+内容为假]特征的名词。例如:

谎言、谎话、谬论、谣言、假象、错觉

这类名词与叙实名词的语义内容相对,其所指称的内容是必然为假的。这一点也可以从这些名词的词典释义中看出:

【谎言】谎话。

【谎话】不真实的、骗人的话;假话。

【谬论】荒谬的言论。

【谣言】没有事实根据的信息。

【假象】跟事物本质不符合的表面现象。

【错觉】由于某种原因引起的对客观事物的不正确的感觉。

【幻觉】视觉、听觉、触觉等方面,没有外在刺激而出现的虚假的感觉。

【幻景】虚幻的景象;幻想中的景物。

相对于叙实名词语义中的"真"和"正确",反叙实名词则以"假"和"错误"为特征聚合为一类。由于这些名词的语义结构中明确规定了指称内容为"假",因而 XP 的否定式就成为了主句的预设。

第二类是带有[+非现实]特征的反叙实名词。例如:

念头、幻想、前景

这些名词的语义结构中也带有"内容为假"的特点。但是,更加重要的是,这种"假"义的出现是由于这些名词的所指都是仅停留在"心理层面",而未被实现出来。这些词的词典释义中也都抓住了这样的词汇意义特征。例如：

【念头】<u>心理</u>的打算。

【幻想】以社会或个人的<u>理想和愿望</u>为依据，对<u>还没有实现</u>的事物有所想象。

【前景】<u>将要出现</u>的景象。

第一类名词的语义由于表现为［＋内容为假］，笼统来说，也可以看作是带有［＋非现实］的特征。不过，此处的［＋非现实］特征，主要描述的是"现实"这种时间范畴是否可以编码进补足语小句中。通过例（26）和例（27）可以看到，"已经"这样明确提示"实现/完成"义的副词是允许编码进［＋内容为假］类名词的补足语小句中的。但对于第二类的"念头、幻想、前景"三个名词来说，是绝对不允许表"实现/完成"范畴的句法标记进入补足语小句的。例如：

（29）他心里一直存着（*已经）考上（*了）重点高中的<u>念头</u>。

（30）国际社会要采取措施，打破反政府武装（*已经）用军事手段扩大（*了）势力的<u>幻想</u>。

（31）科学家称已经看到了<u>人</u>（*已经）直接命令（*了）机器进行操作的<u>前景</u>。

因此，可以根据［＋内容为假］和［＋非现实］的语义特征，将反叙实名词分为以上两类。

6.4.3　其他内容义名词的叙实性

除了上述数目有限的几个名词可以使用 A—D 四种格式的测试，一致地得出 XP 的真值外，其他名词的叙实性情况则会受到不同物性角色、肯定和否定、动词的词义类型等因素的影响。这些名词的内部具有复杂的语义特征和句法表现。下文将根据语义特征把这些名词聚合成类。在分析过程中,我们可以看到,同一语义小类内部的名词,在叙实性句法测试中的表现具有高度的一致性。

6.4.3.1 弱叙实名词:[+可编造]

这类名词包含以下两种语义类型:

"特征"名词:习惯、风俗、毛病、癖好、嗜好、特点、优点、弱点、好处、长处、缺点、症状

"事件/情况"名词:状态、处境、困境、局面、现象、现实、气氛、势头

这类名词的施成角色的肯定式(A),可以推演 XP 为真,否定式(B)可以推演 XP 为假。而处置角色的测试(C—D)则无法确定 XP 的真值。例如:

(32) a. 他有/养成 AGE 每天晚上洗衣服的习惯。

→ 他每天晚上洗衣服。

b. 他没有/没养成 AGE 每天晚上洗衣服的习惯。

→ 他不是每天晚上洗衣服。

c. 我听说 HAN 过他每天晚上洗衣服的习惯。

→ 他每天晚上洗衣服。/他不是每天晚上洗衣服。

d. 我没听说 HAN 过他每天晚上洗衣服的习惯。

→ 他每天晚上洗衣服。/他不是每天晚上洗衣服。

(33) a. 课堂上呈现出 AGE 一番教师和学生积极互动的状态。

→ 教师和学生积极互动。

b. 课堂上没有呈现出 AGE 教师和学生积极互动的状态。

→ 教师和学生没有积极互动。

c. 课堂处在 ₕₐₙ教师和学生积极互动的状态中。
→ 教师和学生积极互动。
d. 课堂没有处在 ₕₐₙ教师和学生积极互动的状态中。
→ 教师和学生没有积极互动。

这类名词的语义特点要求它们的所指内容为"真",比如"习惯"指"逐渐养成而不易改变的行为"。其所指的行为应该为"真",因为这种行为一旦为"假"就失去了成为"习惯"的合法性。但动词"听说"取消了"习惯"本身原有的比较确定的真值。更加有趣的是,这类名词如果与"假造"和"改变"类动词搭配,主句的肯定式就强制地使名词补足语小句为假。例如:

(34) a. 他ᵢ编造了自己ᵢ爱学习的优点。→ 他不爱学习。
b. 厂家编造了产品耐高温的特点。→ 产品不耐高温。
c. 营造出一种各类经济都欣欣向荣的局面。→ 不是各类经济都欣欣向荣。

(35) a. 这个地区改变了婚礼抢新娘的风俗。→(现在)这个地区婚礼不抢新娘。
b. 他改掉了吃饭狼吞虎咽的毛病。→(现在)他吃饭不狼吞虎咽。
c. 他的到来改变了宴会轻松活跃的气氛。→(现在)宴会不轻松活跃。

"编造"类动词带有[+创造]义,一般会实现为施成角色。比如:"编造谣言、编造信息"。但当"习惯"类名词与之相互搭配时,"编造"类动词则会实现为处置角色。因为当这类名词被"编造"后,就不再是名词本身所指称的概念了。

6.4.3.2 半叙实名词：[+ 动作行为]

这类名词包括：

"反应"名词：反应、行为、表情、表现、样子

这类名词的特殊之处在于它们可以带两类意义不同的补足语小句。在第一类中，补足语小句是这些"反应"或"行为"的外在表现，也即主体表现出一些可以被观测的肢体动作。例如：

（36）a. 羚羊做出了迅速奔跑的反应。
　　　b. 他做出了撕毁课本的行为。

第二类是观测者通过观测外在表现，对这种表现所反映的心理状态或原因进行的推测。例如：

（37）a. 羚羊做出了逃避危险的反应。
　　　b. 他做出了厌学的行为。

这两类语义不同的补足语小句在叙实性上存在明显差异。首先来看第一类"外在表现"义小句。这类"XP+ 的 +N"结构的施成角色肯定式（A）可以推演 XP 为真，否定式（B）可推演 XP 为假，但在处置角色组 C—D 测试中，XP 的真值会随着动词的语义发生改变。例如：

（38）a. 婴儿**做出** _{AGE} 了哇哇大哭的表现。
　　　→ 婴儿哇哇大哭。
　　　b. 婴儿**没有做出** _{AGE} 哇哇大哭的表现。
　　　→ 婴儿没有哇哇大哭。
　　　c. 婴儿**停止** _{HAN} 了哇哇大哭的表现。
　　　→（现在）婴儿没有哇哇大哭。

d. 婴儿没有停止 ₕₐₙ哇哇大哭的表现。

→（现在）婴儿哇哇大哭。

（39）a. 他做出 ₐGE 了眼睛圆睁、嘴巴大张的表情。

→ 他眼睛圆睁、嘴巴大张。

b. 他没有做出 ₐGE 眼睛圆睁、嘴巴大张的表情。

→ 他没有眼睛圆睁、嘴巴大张。

c. 他保持 ₕₐₙ 着眼睛圆睁、嘴巴大张的表情。

→ 他（现在）眼睛圆睁、嘴巴大张。

d. 他没有保持 ₕₐₙ 眼睛圆睁、嘴巴大张的表情。

→ 他（现在）没有眼睛圆睁、嘴巴大张。

这类名词的一个显著特点是，它们的补足语小句的谓语一般都是"自主"动词，因此，名词的施成角色可以是表人为控制的"假装"类动词。但是，即使其施成角色是预设动作为假的"假装"类动词，XP 的真值依然为真。例如：

（40）婴儿装出哇哇大哭的表现。→ 婴儿哇哇大哭。

（41）他装出眼睛圆睁、嘴巴大张的表情。→ 他眼睛圆睁并张大嘴。

根据李新良（2013）、李新良、袁毓林（2016），当反叙实动词"假装"的宾语小句表"动作"时，宾语小句的真值为真，但意图为假。这样的分析同样适用于"反应"类名词补足语小句的分析：当补足语小句只指向"动作行为"时，"假装"类动词也不能使 XP 的真值为假。因此，这类"XP+ 的 +N"结构具有"[＋动作行为]"的特征。

下面来看第二类："推测原因"义小句。这类小句在施成角色

(A—B)和处置角色(C—D)四种格式的测试中都不能推演 XP 为真或为假。例如：

(42) a. 婴儿**做出** _{AGE} 了<u>非常饥饿</u>的表现。
→ 婴儿非常饥饿。/ 婴儿不饥饿。
b. 婴儿没有**做出** _{AGE} <u>非常饥饿</u>的表现。
→ 婴儿非常饥饿。/ 婴儿不饥饿。
c. 妈妈**看到** _{HAN} 了<u>婴儿非常饥饿</u>的表现。
→ 婴儿非常饥饿。/ 婴儿不饥饿。
d. 妈妈没有**看到** _{HAN} <u>婴儿非常饥饿</u>的表现。
→ 婴儿非常饥饿。/ 婴儿不饥饿。

(43) a. 他**做出** _{AGE} 了<u>惊慌失措</u>的表情。
→ 他惊慌失措。/ 他没有惊慌失措。
b. 他没有**做出** _{AGE} <u>惊慌失措</u>的表情。
→ 他惊慌失措。/ 他没有惊慌失措。
c. 他**收起** _{HAN} 了<u>惊慌失措</u>的表情。
→ 他惊慌失措。/ 他没有惊慌失措。
d. 他没有**收起** _{HAN} <u>惊慌失措</u>的表情。
→ 他惊慌失措。/ 他没有惊慌失措。

此类"XP+的+N"结构中名词的语义也无法保证 XP 的真值。因为 XP 是说话人根据话语描述对象的表现推测出来的。因此，这类结构可以和"假装"搭配，推演 XP 为假。例如：

(44) 婴儿**装出**<u>非常饥饿</u>的表现。→ 婴儿不是非常饥饿。
(45) 他**装出**<u>惊慌失措</u>的表情。→ 他并不惊慌失措。

由此我们可以看到："反应"类的内容义名词虽然可以兼表"动作

行为"和"推测原因",但当这两种语义内容实现为补足语小句,并组成"XP+的+N"结构时,"反应"类名词会表现出不同的叙实功能。根据"推测原因"类"XP+的+N"结构的语义特点,可以将其中的内容义名词划归入 6.4.3.4 节的非叙实名词中(详见 6.4.3.4 节)。这里的半叙实名词仅指表示"动作行为"的"反应"类内容义名词。

6.4.3.3　弱反叙实名词:［+未实现］

这类名词,可以根据其所指的内容类型划分为三种:

"言语"名词:请求、要求、誓言、预告、建议

"希望/目标"名词:希望、愿望、期盼、梦想、心愿、欲望、打算、目的

"想法"名词:构想、想法、阴谋、决心、决定、顾虑、担心、主意、主张、计划

这些名词在施成角色组 A—B 两种格式的测试中,可以一致地推演名词补足语小句 XP 为假。因此,当与这类名词搭配的谓词是其施成角色时,¬XP 是整个命题的预设,名词具有反叙实特征。但在处置角色组 C—D 两种格式的测试中,XP 则或者真值不确定,或者主句命题的肯定和否定不能一致推演其真值。例如:

(46) a. 小王子**提出** $_{AGE}$ 了远征边疆的请求。

→小王子没有远征边疆。

b. 小王子没有**提出**远征边疆的请求。

→小王子没有远征边疆。

c. 国王**答应** $_{HAN}$ 了小王子远征边疆的请求。

→小王子远征边疆了。/小王子没有远征边疆。

d. 国王没有**答应** $_{HAN}$ 小王子远征边疆的请求。

→小王子远征边疆了。/小王子没有远征边疆。

（47）a. 小李燃起 ₐGE 了<u>去城里上学</u>的<u>希望</u>。

→ 小李没有去城里上学。

b. 小李没有燃起 ₐGE <u>去城里上学</u>的<u>希望</u>。

→ 小李没有去城里上学。

c. 小李实现 HAN 了<u>去城里上学</u>的<u>希望</u>。

→ 小李去城里上学了。

d. 小李没有实现 HAN <u>去城里上学</u>的<u>希望</u>。

→ 小李没有去城里上学。

（48）a. 他一直都有 ₐGE <u>将其他两家公司收购</u>的<u>构想</u>。

→ 他没有将其他两家公司收购。

b. 他没有 ₐGE <u>将其他两家公司收购</u>的<u>构想</u>。

→ 他没有将其他两家公司收购。

c. 他完成 HAN 了<u>将其他两家公司收购</u>的<u>构想</u>。

→ 他将其他两家公司收购了。

d. 他没有完成 HAN <u>将其他两家公司收购</u>的<u>构想</u>。

→ 他没有将其他两家公司收购。

这类名词的共有特点是：[＋非现实]。与反叙实中的[＋非现实]小类名词相同，无论名词所指称的内容形式是"言语""希望"还是"想法"，都一定带有"非现实"的特点。因此，其施成角色的肯定和否定形式都将推演 XP 为假。

但这类名词的处置角色则比较复杂：有的（如"答应"等）不能确保"请求"成为现实，所以名词补足语小句命题的真值不确定；有的（如"实现"等）允许名词所指称的内容在现实世界中"实现"。因此，当"实现/完成/证实"等带有实现意义的动词作为其处置角色时，名词补足语小句命题就会为真。而其他处置角色类型和"实现"

的否定形式则推演 XP 为假。如例（47）c 和例（48）c。

反叙实类中［+非现实］的名词与本节中的名词在处置角色的选择限制上存在差别。反叙实名词都不能接受内容"实现"的表达。例如：

（49）*实现了念头　*实现了幻想　*实现了前景

因此，虽然反叙实名词和"请求"类名词都具有［+非现实］的语义特征，但是由于"请求"类名词的"可实现"性，使由其处置角色构成的肯定/否定式不能一致地推演补足语小句的真值。所以我们把这类名词称之为"弱反叙实名词"。

6.4.3.4　非叙实名词：［+内容真值不确定］

这类名词有以下四种语义类型：

"想法"名词：判断、看法、观点、说法、假设

"言说"名词：论断、假说、回答、借口

"信息"名词：故事、传说、流言、消息、信息、新闻、报道、记录

"感觉"名词：印象、嫌疑、感觉

这类名词和前面几类名词的不同在于，其施成角色的肯定或否定式测试（A—B 组）都不能推演出其补足语小句的真值。并且，在处置角色的测试（C—D 组）中，补足语小句的真值也不能确定。例如：

（50）a. 警长做出 $_{AGE}$ 了死者是自杀身亡的判断。

→ 死者是自杀身亡。/死者不是自杀身亡。

b. 警长没有做出 $_{AGE}$ 死者是自杀身亡的判断。

→ 死者是自杀身亡。/死者不是自杀身亡。

c. 警长相信 $_{HAN}$ 死者是自杀身亡的判断。

→ 死者是自杀身亡。/死者不是自杀身亡。

d. 警长不相信 ~HAN~ 死者是自杀身亡的判断。

　　→ 死者是自杀身亡。/ 死者不是自杀身亡。

（51）a. 针对巡警的提问，老张~i~ 做出 ~AGE~ 了案发时自己~i~ 正在睡觉的回答。

　　→ 案发时老张正在睡觉。/ 案发时老张没在睡觉。

　　b. 针对巡警的提问，老张~i~ 没有做出 ~AGE~ 案发时自己~i~ 正在睡觉的回答。

　　→ 案发时老张正在睡觉。/ 案发时老张没在睡觉。

　　c. 巡警听到 ~HAN~ 了老张案发时正在睡觉的回答。

　　→ 案发时老张正在睡觉。/ 案发时，老张没在睡觉。

　　d. 巡警没有听到 ~HAN~ 老张案发时正在睡觉的回答。

　　→ 案发时老张正在睡觉。/ 案发时，老张没在睡觉。

（52）a. 他写 ~AGE~ 了王小川下河救人的新闻。

　　→ 王小川下河救人。/ 王小川没有下河救人。

　　b. 他没有写 ~AGE~ 王小川下河救人的新闻。

　　→ 王小川下河救人。/ 王小川没有下河救人。

　　c. 我看 ~HAN~ 了王小川下河救人的新闻。

　　→ 王小川下河救人。/ 王小川没有下河救人。

　　d. 我没看 ~HAN~ 王小川下河救人的新闻。

　　→ 王小川下河救人。/ 王小川没有下河救人。

（53）a. 这件事给我留下 ~AGE~ 了小婷非常乐于助人的印象。

　　→ 小婷非常乐于助人。/ 小婷并不乐于助人。

　　b. 这件事没有给我留下 ~AGE~ 小婷非常乐于助人的印象。

　　→ 小婷非常乐于助人。/ 小婷并不乐于助人。

　　c. 之后的事情进一步强化 ~HAN~ 了小婷非常乐于助人的这种印象。

→ 小婷非常乐于助人。/ 小婷并不乐于助人。

d. 之后的事情并没有进一步**强化**_HAN_ <u>小婷非常乐于助人</u>的这种**印象**。

→ 小婷非常乐于助人。/ 小婷并不乐于助人。

在施成角色中，"假造"义动词可以使补足语小句真值为假；在处置角色中，"证实"义动词可以使这类名词的补足语小句为真。所以，补足语小句的真值完全随主句谓词而变化。例如：

（54）a. 老张$_i$编造了<u>案发时自己$_i$正在睡觉</u>的回答。

→ *案发时老张正在睡觉。/ 案发时老张没在睡觉。

b. 有人假造了<u>王小川下河救人</u>的新闻。

→ *王小川下河救人。/ 王小川没有下河救人。

c. 调查证实了<u>死者是自杀身亡</u>的判断。

→ 死者是自杀身亡。/ *死者不是自杀身亡。

d. 这件事证实了小婷留给我的<u>非常乐于助人</u>的印象。

→ 小婷非常乐于助人。/ *小婷并不乐于助人。

这类名词的语义特点是名词所指称的事物，并不以内容的真或假为必要条件。即使名词的内容为假，也不影响名词本身的语义。比如"传言"一词的词典释义为："通过多人而了解到的不一定真实的消息、新闻"，其语义已经规定了所指内容真值的模糊性。

如此，通过与名词物性角色中的施成角色（A—B组）和处置角色（C—D组）的搭配测试，可以在一定程度上确定内容义补足语小句的真值情况和内容义名词的叙实性，从而把内容义名词分为叙实名词、反叙实名词、弱叙实名词、半叙实名词、弱反叙实名词和非叙实名词六类。

6.5 名词叙实性的语义基础和句法表现

叙实、反叙实和其他四类在叙实性上表现复杂的内容义名词拥有各不相同的叙实性功能。这种叙实能力的差异来源于这些词汇本身的语义特征。同时,不同的叙实性功能也会影响到这些名词的句法表现。本节首先讨论影响名词叙实性功能的几项语义特征,并关注叙实名词和反叙实名词的句法表现,探求特定的叙实性特征会怎样影响名词的句法功能,并揭示其背后的语义、语用机制。

6.5.1 名词叙实性特征的语义基础

通过上述区分标准,可以发现,内容义名词对其补足语小句的确具有叙实性的限制。这种限制可以通过命题预设的形式表现出来。也就是说,在"(Sub+) V+XP 的 +N"形式的命题中①,当 N 为叙实名词时,XP 是主句命题的预设;当 N 为反叙实名词时,¬XP 是主句命题的预设。当 N 为其他四类名词时,"(Sub+) V+XP 的 +N"这一命题推演 XP 还是 ¬XP,则取决于名词的语义内容和与其搭配的动词的语义特征。通过 6.4.1—6.4.3 节的测试,可以得到六小类叙实性名词推演其补足语小句的真值列表:

表 6-1 叙实、反叙实、非叙实名词在叙实性测试中推演 XP 真值的情况

叙实性	例词	A	B	C	D
叙实	事实	XP	——	XP	XP
弱叙实	习惯	XP	¬XP	"假造/改变" ¬XP	XP	XP ∨ ¬XP

---

① 本书暂时不考虑主语(Sub)成分的语义特点对命题预设的影响。

续表

叙实性	例词	A	B	C	D
半叙实	行为	XP	¬XP	XP ∨ ¬XP	XP ∨ ¬XP
反叙实	谎言	¬XP	¬XP	¬XP	¬XP
弱反叙实	请求	¬XP	¬XP	"实现" XP	¬XP	¬XP
非叙实	判断	"假造" ¬XP	XP ∨ ¬XP	XP ∨ ¬XP	"证实" XP	XP ∨ ¬XP	XP ∨ ¬XP

从上文的分析已经得知，名词语义内容中的一些"要素"是导致名词具备叙实、反叙实和其他复杂叙实能力的根本原因。"±内容为真"、"±可实现"、"±可假造"等特征是区分名词叙实性能力的重要语义要素。本节将六类叙实性名词进行统一的分析，揭示内容义名词叙实性功能的语义基础。

名词的语义特征和补足语小句的真值情况是息息相关的。名词内部的一些语义特征使得名词对其内容为真或为假有一定的限制。叙实名词要求其内容为真，不允许其施成角色被否定，也排斥"假造"类动词。因此，叙实名词兼具[+内容为真]和[-假造]的特点。而"谎言"类反叙实名词则带有[+内容为假]的特征，而且其施成角色通常都属于"假造"类动词，因此又具有[+假造]的特征。"幻想"类反叙实名词则通过[-现实]的特征表示其所指内容的"假"，并且还要求其所指内容[-可实现]。因此"幻想"类名词不能与"实现"类动词共现，并以此区别于"请求"等弱反叙实名词。

弱叙实、半叙实、弱反叙实和非叙实名词的情况更加复杂。以"习惯"为代表的弱叙实名词所指称的事物是[+内容为真]的，这一点和叙实名词比较相像。但"习惯"类名词却包容"假造"义和"改变"义的处置角色，这使得"习惯"类名词的内容带有了[+可假造]和[+可改变]的特征。

"行为"类半叙实名词所指称的事物同样是[+内容为真]的，但这类名词却不可"假造"；因为其与"假装"类动词组合后，依然可以推演补足语小句为真。但半叙实名词是[+可改变]的，因此其处置角色中包含"收起、停止"等"改变"义动词。

"请求"类弱反叙实名词的内容为假，这种"假"义同样来自于词汇中[-现实]的语义。只是与"幻想"类反叙实名词不同，这类名词还可以带有[+可实现]的特征。因此，当它们与处置角色"实现、完成"等"实现"义动词搭配时，可以推演其补足语小句为真。

"判断、消息"等非叙实名词的内容则包含特征[-内容为真]和[-内容为假]，即名词所指称的内容真值不确定。因此，"判断"类名词补足语小句的真值就只能依靠动词的语义来确定。比如，当和"假造"类动词搭配时，补足语小句就为假；当与"证实"类动词搭配时，补足语小句就为真。所以，这类名词还带有[+可假造]和[+可证实]的特征。

通过以上分析，六类名词叙实能力不同的根源可以归结为一组语义特征，这些语义特征能够有效地反映出这些名词的聚合类。如表6-2所示。

表6-2 六种叙实性不同的名词的语义特征

叙实性	例词	语义特征					
		内容为真	内容为假	现实	可假造	可实现	可修改
叙实	事实	+	-	+	-	——	-
弱叙实	习惯	+	-	+	+	——	+
半叙实	行为	+	-	+	-	——	+

续表

叙实性	例词	语义特征					
		内容为真	内容为假	现实	可假造	可实现	可修改
反叙实	谎言	-	+	+	+	——	+
	幻想	-	+	-	+	-	+
弱反叙实	请求	-	+	-	+	+	+
非叙实	判断	-	-	+	+	——	+

6.5.2 叙实名词的"真"及其在句法上的弱势表现

在句子中，名词经常处于被支配的从属地位。动词、形容词定语以及带有主观性的语境意义都有可能对名词及其补足语小句的语义产生影响。本节关注叙实名词的句法表现，从语句中词语之间的搭配限制可以看到：名词的叙实意义对句法形式的制约非常有限，而且很容易被其他句法成分的意义所消解。

6.5.2.1 叙实名词对施成角色的限制

在 6.4.1 "叙实名词"一节提到叙实名词很少跟施成角色共现。我们以"事实、真相、真理、事迹"四个词为例，在语料库中对名词和其物性角色的共现情况进行了统计。表 6-3 中的数据反映了叙实名词和其四类动词性物性角色的共现频率。

表 6-3 "XP+的+叙实名词"与其物性角色的共现频率

词汇	角色			共现动词举例（次数）
	施成角色	处置角色	行为角色/功用角色	
事实	13%（13/100）	75%（75/100）	12%（12/100）	接受（7）存在（7）承认（5）
真相	0%（0/100）	96%（96/100）	4%（4/100）	揭露（12）掩盖（6）披露（6）

续表

词汇	角色			共现动词举例（次数）
	施成角色	处置角色	行为角色/功用角色	
真理	2%（2/100）	88%（88/100）	10%（10/100）	揭示（10）指导（7）展示（7）
事迹	1%（1/100）	77%（77/100）	22%（22/100）	介绍（15）描写（9）报道（9）
总计	4%（16/400）	84%（336/400）	12%（48/400）	——

表6-3反映出叙实名词在实际语料中的相关表现。其中，仅有4%的实例是"XP+的+叙实名词"结构与施成角色进行搭配的。这主要是因为叙实名词的语义预设"内容为真"，所以这些名词的"来源"或"创造方式"非常单一，基本属于"客观存在"的。因为这些名词的所指内容都是客观存在的，尤其当其所指内容在句法表层实现为"XP"时，"施成角色+XP+的+叙实名词"这种搭配类型基本都以存在句的方式出现。比如："目前非公有制企业中，普遍<u>存在</u>劳动者合法权益被侵犯的<u>事实</u>。"

叙实名词也不能进入由其施成角色做述语的否定式中。但是，当句子表达的是反事实语气（counterfactual mood）时，则可以接受。例如：

（55）也就是说如果没有<u>无产阶级当家做主</u>的<u>事实</u>，社会主义宪法就根本无从产生。

例（55）允许使用"没有"是因为"无产阶级当家做主的事实"已经存在，因此"没有+XP+的+事实"使整个句子成为一个"反事实"条件句（袁毓林2015）。这更加说明叙实名词的具体所指"XP"是在现实世界中真实发生的，且其真实性和现实性不能否定。

叙实名词"内容为真"的语义约束影响了这类名词的句法表现，

使其构成的"XP+的+N"结构很少跟施成角色共现，并且强制要求XP为"真实"和"现实"的，在现实句中不能跟施成角色的否定式搭配。

6.5.2.2 "假造"类动词和叙实名词的共现限制

但是，叙实名词一旦脱离开"XP+的+N"式偏正结构，成为光杆名词时，却可以作为"假造"类动词的宾语。比如：

（56）捏造事实　编造真相　虚构（优秀）事迹

与之前提到的"习惯"类弱叙实名词相同，"假造"类动词不是叙实名词的"施成角色"，而是这类名词的"处置角色"。叙实名词的语义概念中都带有[+内容为真]的语义特征，因而一旦被"假造"，这类名词所指涉的内容就不再具有"事实/真相/真理"的特征。但是，"假造"类动词可以选取叙实名词做宾语，强行改变名词内容的真值特征。

不过，整个"XP+的+N"结构却很难与"捏造、编造"等假造类动词搭配。例如：

（57）a.？领导<u>捏造</u><u>工厂运营状况良好</u>的<u>事实</u>。
　　　b.？清军<u>编造</u>了<u>各地明军惨败</u>的<u>真相</u>。
　　　c.？他<u>虚构</u>了<u>自己为保护六名儿童而奋不顾身、舍己为人</u>的<u>事迹</u>。

真实文本中没有找到类似的例子，例（57）中自拟的例子也不太自然。所以，"XP+的+叙实名词"应该是排斥"假造"义动词的。但是，为什么光杆的叙实名词可以与"假造"义动词搭配，而带了名词补足语小句的叙实名词则不行呢？这是因为，补足语小句在语义上是与内容义名词同位性共指的，并对名词语义中关于"内容为真"的具体内容进行精细化表述（elaboration）。这样，就把"内容为真"的意义显性地在句法表层中明示出来了，使本来隐含在名词内容中的真值不能被轻易地消解掉。因此，"XP+的+叙实名词"结构比光杆的叙实名词"真实"义更强，并表现为这一结构在选择限制上排斥"假造"类动词。

6.5.2.3 "怀疑"对叙实名词真值的取消

袁毓林（2014b、2014c）曾讨论过隐性否定动词"怀疑"对其宾语小句"相信"或"不相信"的主观态度。"怀疑"本身可以兼带体词性和谓词性宾语，本节使用"怀疑"来测试叙实名词，看动词的主观否定义是否会影响名词补足语小句的真值。例如：

（58）警长一直在怀疑_{HAN} 亨利盗窃银行存款的事实。
　　→？亨利盗窃银行存款。
（59）小张的同学非常怀疑_{HAN} 他拾金不昧的事迹。
　　→？小张拾金不昧。
（60）哥白尼很怀疑_{HAN} 太阳绕着地球转的真理。
　　→？太阳绕着地球转。

例（58）—（60）中，"怀疑"的加入，让听话者不能笃定而确切地推演补足语小句为真。在这种情形下，叙实名词的叙实能力被大大地减弱了。这种叙实性的减弱跟动词"怀疑"的主观否定意义有着密切的联系。比如，例（58）中，"亨利盗窃银行存款的事实"受到"怀疑"后，这一事实"真"的语义内容大打折扣，听话人会受"怀疑"隐性否定的干扰而无法断定"亨利盗窃银行存款"为真，反而更倾向于认为"亨利盗窃银行存款"为假。"怀疑"这种冲抵叙实名词"真实性"的功能，来自于"怀疑"的主观否定义。袁毓林（2014b）指出"怀疑"表示"相信"或"不相信"的语用调节机制来自于其后宾语小句的评价意义：当宾语小句表示消极意义时，"怀疑"被识解为"相信"（如"怀疑他监守自盗"）；而当宾语小句表示积极意义时，"怀疑"被识解为"不相信"（如"怀疑他真能舍己为公"）。进而将"怀疑"的语义识解模式概括为"疑善信恶"。

当"怀疑"这种"疑善信恶"的语义识解模式作用到"XP+的+叙实名词"上时，实现为"疑真"的语用功能。"怀疑"可以直指叙实名词"真实"义的内涵，并对"真实性"进行否定。这种通过主观评价意义（而非施成角色）的否定，一方面不会与叙实名词所指内容为真的语义发生冲突，另一方面又从更高阶的语用层面对其进行了否定。这同时也说明，叙实名词的"叙实功能"在一定程度上是可以被上下文语境取消的。

6.5.2.4 "虚假"义修饰语对叙实名词真值的取消

叙实名词可以被表示"虚假"义的形容词或者动词修饰。例如：

（61）虚假的事实　假的真相　错误的真理　虚假的真相

当这类修饰语与叙实名词进行搭配时，叙实名词的所指会从"真"变为"假"。不过，这类"虚假"义的修饰语却很难进入"XP+的+叙实名词"的结构中。例如：

（62）a.（*虚假的）小王去过北京的（*假）事实
　　　b.（*虚假的）公司运营状况不佳的（*假）真相

但是，"真理"可以受"伪"修饰，进入"XP+的+叙实名词"结构。例如：

（63）a.他听说过坐月子不能碰水的这个伪真理。
　　　→坐月子不是不能碰水。

b. 他没听过坐月子不能碰水的这个伪真理。
→ 坐月子不是不能碰水。

一旦受到"虚假"义定语的修饰,"真理"的所指内容就不再为"真"。作为一种复合名词,"伪真理"反而和反叙实名词的表现一样,可以预设 XP 为假。如例(63)所示。

除了"伪"之外,特殊的修饰语"所谓(的)"可以对"XP+的+叙实名词"进行修饰。[①] 例如:

(64)他敢于挑战封建社会所谓的君为臣纲的真理。
(65)女记者根本不相信所谓的西方社会新闻自由的真相。
(66)所谓的妻子罹患精神病的事实,其实是伊斯卡斯先生编造出来的。

例(64)—(66)中,受到"所谓"修饰的 XP 失去了作为"真理、真相、事实"的真实性,主句并不能推演 XP 为真。这种情况与"所谓"的主观否定意义相关。

"所谓"有两个意思:①所说的,②(某些人)所说的(含不承认意)。吕叔湘(1999)认为,第一个意思多用于提出要进行解释的词语;第二个义项则用于引述别人的话语,含有不承认的意思。吕为光(2011)认为,"所谓$_1$"的功能主要是引出概念作为话题,并对概念进行解释,构建出一个"引入-解释"结构。例如:

(67)所谓资产证券化,一般是指将缺乏流动性但能够产生未来现金流的资产,通过结构性重组,并据以融资的过程。(转引自吕为光(2011)例(3))

---

① "所谓"既可以直接修饰名词性成分,如"所谓阳春白雪";也可以加助词"的"再修饰名词性成分,如"所谓的个性"。我们在文章中暂时不严格区分这两种情况。

"所谓₂"则是表达说话人对所引述事物的主观评价、否定或贬低。例如：

（68）所谓的艺术家

"所谓₂"可以直接加在名词上，且对名词产生"否定性主观评价"的作用。当"所谓₂"修饰叙实内容义名词时，表现出的特点就是否定名词内容的真实性。例如：

（69）所谓的真相　所谓的事实　所谓的真理

因此，用"所谓₂"进行修饰，就是质疑或反驳了某些内容作为"真相、事实、真理"的"合法性"。这种合法性被颠覆，使得这些叙实名词的真值被颠倒。这种情况类似于"怀疑"的主观否定义。"所谓₂"并不对叙实名词的"真"直接进行否定，而是通过加入主观性信息来对"叙实名词"的"真"做出否定性判断。因此，当叙实名词受到"所谓₂"修饰时，其叙实功能也会被取消。

综合上述分析，叙实名词语义的"真"会表现在其句法功能上。比如，"XP+的+叙实名词"不易与施成角色共现，其施成角色不能被否定；"XP+的+叙实名词"结构一般不做"假造"义动词的宾语，也不容易受"虚假"义修饰语修饰。但是，带有主观性否定特征的词汇可以取消叙实名词"真"的意义。比如，叙实名词做"怀疑"的宾语和受"所谓₂"修饰。

6.5.3　反叙实名词的"假"及其在句法上的强势表现

本节我们来看反叙实名词的"假"义会为这类名词带来怎样的句法后果，同时探求这种"假"的意义是否可以被特定的句法操作所取消。

6.5.3.1 反叙实意义的渗透性

叙实名词在句法搭配上会受到比较严格的限制。比如,很少与施成角色共现,并且不能对施成角色进行否定等。但是,反叙实名词在句法表现上相当灵活。表6-4以"谎言、假象、念头、幻想"四个词为例,统计了这些词语在真实文本中与其动词性物性角色的共现情况。

表6-4 "XP+的+反叙实名词"与其物性角色的共现频率

词汇	角色			
	施成角色	处置角色	行为角色/功用角色	共现动词举例（次数）
谎言	33%（33/100）	43%（43/100）	24%（24/100）	编造（11）欺骗（9）戳穿（8）
假象	65%（65/100）	11%（11/100）	24%（24/100）	制造（27）造成（19）迷惑（10）
念头	52%（52/100）	40%（40/100）	8%（8/100）	打消（17）产生（11）有（7）
幻想	14%（14/100）	57%（57/100）	29%（29/100）	破灭（9）打破（9）丢掉（6）
总计	41%（164/400）	37.75%（151/400）	21.25%（85/400）	——

通过表6-4中的数据可见,反叙实名词在实际使用中可以与多种物性角色灵活搭配。在与动词进行搭配时,受到的限制较少。

通过对弱叙实、半叙实、弱反叙实、非叙实名词的分析可以看到,处置角色动词的语义很容易改变名词的叙实功能。比如,"实现"可以使带有[-现实]语义的弱反叙实名词的补足语小句真值为"真"。叙实名词也会受到主观否定动词"怀疑"的影响而削弱其叙实性。但是,反叙实名词的"假"却很难通过与动词组合而取消。比如,"证实"类动词可以表示名词的"内容为真",它很难作为反叙实名词的处置角色出现；即使共现，也都不能取消掉反叙实名词对其补足语小句"假"的预设。例如：

（70）?调查机构**证实**了<u>该企业运营状况良好</u>的<u>谎言</u>。
　　　→ 该企业运营状况不好。

而主观否定类动词"怀疑"也暗示补足语小句为假。例如：

（71）?我非常**怀疑**<u>这种药能够治愈癌症</u>的<u>谎言</u>。
　　　→ 这种药不能够治愈癌症。
（72）?媒体都很**怀疑**<u>卡瓦罗辞职</u>的<u>谣言</u>。
　　　→ 卡瓦罗没辞职。

我们看到，主观否定动词"怀疑"可以大大降低叙实名词的叙实意义；但是，这种否定意义对反叙实名词却不起作用，反叙实名词的补足语小句依然为假。可见，其中确实带有"疑善信恶"的认知模式中对"信假"的判断。

对应地，"编造"类动词通常可以使名词的内容变为"假"，比如"编造真相、编造消息"。但是，这些词却正好是反叙实名词的施成角色。编造类动词的"假"和反叙实名词的"假"义不仅没有互相抵消，相反它们还经常共现来突出这种"假"的意味。

由此可见，会对其他名词的叙实性功能产生影响的"证实""怀疑""编造"义动词，都不能取消反叙实名词预设其补足语小句为假的反叙实功能。

6.5.3.2　修饰成分对反叙实名词的影响

6.5.2.4节我们看到了"虚假"义修饰语对叙实名词的影响，这类修饰语是否会影响反叙实动词的"假"的意义呢？我们先来看这类名词能否受"虚假"义修饰语的修饰。例如：

(73) 虚假的谎言　虚构的假象　假的错觉　虚假的错觉
　　　虚假的谣言

可见，部分反事实名词可以受虚假义定语修饰。那么，这种虚假义是否会影响反叙实名词的叙实性呢？来看下面的测试：

(74) a. 他产生了一种**虚假的**、广告中的产品都完美无缺的错觉。
　　　→ 广告中的产品不是完美无缺的。
　　b. 他并没有产生那种**虚假的**、广告中的产品都完美无缺的错觉。
　　　→ 广告中的产品不是完美无缺的。

(75) a. 他听信了他家的房子马上要拆迁的那个**虚假的**谣言。
　　　→ 他家的房子不是马上要拆迁。
　　b. 他没有听信他家的房子马上要拆迁的那个**虚假的**谣言。
　　　→ 他家的房子不是马上要拆迁。

根据例（74）、（75），虚假义的修饰语并不能改变反叙实名词的叙实性。另外，"真实"义的修饰语也很难影响反叙实义名词。例如：

(76) 真谎言　实在的幻想　真实的错觉　真谣言　真谬论

例（76）中的反叙实名词虽然受到"真实"义修饰语的修饰，但其内容义为"假"的语义仍然存在。"真实"义修饰语的加入，反而"坐实"了其语义中的"假"。比如："我宁愿听**真**谎言，也不听**假真相**。"

同样，反叙实名词虽然也可以被主观否定词"所谓$_2$"修饰，比如"所谓的谎言（其实是真话）"，但是，当"所谓$_2$"修饰"XP+ 的 +

反叙实名词"时,"所谓₂"就很难取消掉"XP"为"假"的预设。例如:

(77) 所谓的公司一切运转良好的谎言
(78) 所谓的他家要拆迁的谣言

例(77)和(78)也同样提示XP小句为假。而且在句子中,"所谓₂"似乎并不是修饰中心语名词"谎言"和"谣言"的,而是修饰XP小句。"所谓₂"先与"XP"组合,否定XP的陈述意义,然后再与反叙实名词结合,共同把"假"的意义指派给XP小句所表达的命题。

可见,反叙实名词的"假"的意义不会被其他句法成分所冲抵和取消,反叙实名词对小句真值为假的控制更加严格。

6.5.3.3 叙实/反叙实名词句法差异的认知基础

通过对比叙实名词和反叙实名词的句法表现,可以看到:相对而言,"真"的意义极易变动,可以通过多种句法语义手段来取消;但"假"的意义则非常"顽固",多项对于叙实名词起作用的预设取消手段都无法用在反叙实名词上。而且,叙实名词的句法特点主要表现在"限制"上。比如,不和施成角色共现、不能否定施成角色等。反叙实名词的句法特点则"强势"得多,反叙实名词对小句为"假"的预设可以不受支配其语义的述语动词的影响,不论是"编造""证实"或"怀疑",小句的"假"都不容改变。

叙实名词和反叙实名词在句法上表现出的"灵活性"和"稳定性"的差异,可以归结于语言"规约性"的方面:叙实名词的搭配面更"窄",反叙实名词的搭配面更"宽"。但是,我们不禁要问,同样具有预设小句真值的作用,为什么反叙实名词因为其"假"义就更加"灵活"和"稳固"?为什么叙实名词的"真"义就要受到严格的限制,并且还会面临被取消的危险呢?这种"真"和"假"的不对称性是否可以在认知层面做出解释呢?

究其原因,这种"真"的变动性和"假"的稳固性应该是人类社会发展过程中人所形成的固定的认知模式。人类判断为"真"的事物、事件只是目前暂时没有被证伪罢了。随着社会的发展和进步,人类会不断地认识宇宙、认识自身,许多知识和定见都会发生变化。比如,一些曾经被认为是"真"的东西(如:地球是宇宙的中心),在历史发展中可能会变为"假"。这种基本的认知模式同样反映到了语言的句法、语义组织中:语义为"真"的成分在句法中受限且意义易被消解。而"假"的事物/事件则是"被确定""被证伪"的,因此其意义相对稳固,并在句法中保持强势,很难被取消。正如袁毓林(2014b)曾提出的人类发展过程中的"疑善信恶"原则,这种"疑真信假"的特征在叙实名词和反叙实名词的对比中愈加明显。

6.6 小结

内容义名词可以对其补足语小句进行语义上的控制和影响,表现为内容义名词具有和动词一样的叙实性,可以对其补足语小句的真值进行规定。通过考察名词的"施成角色"和"处置角色"与"XP+的+N"组合而成的主句命题,可以得到对小句 XP 真值的推演。叙实名词构成的主句命题以补足语小句 XP 为预设;反叙实名词构成的主句命题以¬XP 为预设。弱叙实、半叙实、弱反叙实和非叙实名词则有着复杂的叙实性表现。这六类名词在叙实性和句法表现上的差异可以归结为其内部语义特征的不同。通过[±内容为真]、[±现实]、[±可假造]等五项语义特征,可以将这些名词聚集成类。这种名词类别又可以反映它们在叙实性和相关句法表现方面的异同。

此外,叙实名词和反叙实名词在句法表现上呈现出了比较大的差异。首先，叙实名词语义中的"真"义，使其排斥多种句法结构。比如，不能搭配施成角色或对施成角色进行否定。而反叙实名词则可以搭配多种物性角色和多种语义类别的动词。其次，叙实名词容易被包含主观否定性意义的词汇成分削弱或取消其"叙实"特征。但是，反叙实名词预设其小句为假的反叙实意义则不会被取消。本章认为，这种"真、假"不对称的表现，来源于人类"疑善信恶"的认知模式。具体表现为：宁信其为假，难信其为真。

除了叙实名词和反叙实名词外，非叙实名词的叙实性也会受到其他句法成分的干扰。比如，"判断"类名词受到"真实"修饰的时候就可以推演其补足语小句为真，当受到"虚假"修饰时则可以推演补足语小句为假。例如：

（79）曼德拉因病逝世的真实消息。
　　→曼德拉因病逝世。
（80）天王歌星跳楼自杀的虚假消息。
　　→天王歌星没有跳楼自杀。

另外，当补足语小句中出现时间性成分或表示情态特征时，名词的叙实性同样会受到影响。例如：

（81）他一直有要去城里读书的愿望。
（82）我得出了他一定会进入半决赛的判断。

例（81）的补足语小句是"他要去城里读书"，"愿望"将其［-现实］的意义实现在小句表层，用"要"表示"未来"的时间特征。因此，"他要去城里读书"这一命题的真假在谓词逻辑中就无从判断，必须要引入时间模态算子来进行约束。例（82）的补足语小句用"一定"表达了认识情态。因此，要判断"他一定会进入半决赛"这一命题的真假，也需要引入模态算子"可能"和"必然"来对命题进行限定。这都是本书所没有涉及的问题。

　　名词的叙实性问题非常复杂，牵扯到语义、句法、语用、逻辑、认知等多个层面。这一研究仅仅开启了这个丰富纷繁现象的冰山一角，期待今后还能挖掘出更多有趣的现象进行研究。

第七章 结语

本书的总体设计是以中心语名词语义作为定语小句结构研究的切入点，重点讨论名词与其定语小句的选择限制关系以及中心语对定语小句的句法、语义影响。在此基础上，从名词视角对多类复杂的定语小句现象进行分析解释，并提出特定语义特征在名词研究中的重要价值。

本书的思路是从定语小句的分类出发，在完成分类的基础上，针对不同类别中汉语定语小句的一些独特表现进行分析。因此第二章首先讨论了定语小句内部分类的必要性与合理性问题，发现转指、自指两类"VP的N"结构不仅在句法形式上呈现较大差异，二者在一系列句法操作中还存在功能上的区分。并且引入类型学研究成果，认为二者基本可以对应于关系小句和名词补足语小句。

在此基础之上，第三、第四两章关注了关系小句中的两类特殊现象：附加语空位旁格关系句和领属关系句。一方面是由于二者在汉语研究中受到的关注不多；另一方面主要是因为这两类成分（旁格和属格）都处于名词可及性等级序列中较后的位置，关系化的难度较大。第三章将附加语空位旁格关系句区分为工具、材料类旁格关系句、处所类旁格关系句和伴随类旁格关系句，分析这些关系结构的句法语义特点，并提出附加语空位旁格关系句通过中心语名词和小句谓词之间的功用义相互联系，形成修饰结构。第四章讨论领属关系结构，发现关系小句中 $N_{属}$ 在语义上的附着性和抽象性是领属关系结构的限制条件。由于这两种语义均反映了领有者和领有物之间的依存关系，故将其语义特征统称为"依附义"。这样的发现显示出：汉语关系结构的形成一方面的确受到句法规则的制约，这导致旁格关系句和领属关系句相对于主、宾语关系句来说均在一定程度上受限；但同时，语义和语用因素的调控可以影响定语小句结构的合格性，当这些因素能够满足定语小句"范畴化"和"区别性"特征时，定语小句结构的形成会在一定程度上突破句法限制。

第五、第六章则重点关注事件义、内容义两类名词补足语小句。第五章讨论名词补足语小句的限制条件和形成机制。事件属性名词的内在语义结构中包含的隐含谓词是事件义名词补足语小句形成的关键，根据补出的隐含谓词与中心语名词间的物性角色关系，可以总结出八类事件属性名词。第六章以内容义名词补足语小句为例，揭示名词对其定语小句的语义影响，发现内容义名词具有叙实性，并提出名词叙实性的判定标准，详细分析了叙实性不同的中心语名词对名词补足语小句真值的规定情况。这两章分别从句法和语义控制两个方面揭示了名词语义对其补足语（名词补足语小句）的限制，显示出名词语义类型和概念结构在定语结构研究中的重要价值。

7.1 本书的主要创新点

本书发现或在一定程度上证明了以下结论：

第一，汉语转指、自指结构的区分基本对应于类型学中关系小句和名词补足语小句的区分，汉语定语小句结构可依据语法形式、分布和功能分为两类。

第二，违反"名词可及性等级"的附加语空位旁格关系句和领属关系句分别受名词的功用义和依附义制约。这两种名词语义可以系统性地影响汉语关系结构的合格性和语义、语用解读。

第三，事件义名词补足语小句由事件属性名词触发，内容义名词补足语小句由内容义名词触发。事件属性名词内部包含一个隐含谓词，根据隐含谓词对应的物性角色可以将事件属性名词分为八类；内容义名词中包含表达内容意义的谓词，如"是"。两类名词补足语小句都属于全局性转指结构。

第四，内容义名词通常具有叙实性，可以体现为其对名词补足语小句真值的规定。根据叙实性可以将内容义名词分为六类，其中叙实名词和反叙实名词在句法、语义上呈现不对称性。

本项研究以定语小句结构中名词的语义特征为切入点，着力探讨特定定语小句的形成原因、合格条件和句法、语义限制，揭示了中心语名词与其定语小句的选择限制关系如何影响了几类特殊定语小句的形成、解读和句法表现；并抽取出了几类具有语言学价值的语法意义，推进了名词分类、刻画以及句法表现方面的认识和研究。

7.2 研究不足与展望

本书中尚有一些问题仍待进一步研究。这些问题包括：

7.2.1 关系化和话题化的关系

大量前人研究均认为话题结构和关系结构之间存在派生关系，本书也分别在第二章、第三章涉及相关讨论。但通过对不同关系结构的考察，可以发现很多关系结构，尤其是具有属性修饰语特征的关系结构，很难还原成话题结构。例如：

(1) 中世纪欧洲人写字的毛笔 →？这种笔，中世纪欧洲人写字另外，部分悬垂话题无法通过话题移位变为关系结构。例如：

（2）水果，我最爱吃香蕉。→*我最爱吃香蕉的水果

但另一些悬垂话题却可以实现关系化。例如：

（3）那场火，幸亏消防员及时赶到。→消防员及时赶到的那场火

因此，话题结构和关系结构之间是否具有派生关系，二者间的变换受何种条件限制？这是我们下一步研究的方向。

7.2.2 通过"语用相关"构建的定语小句结构

黄国营（1982）曾提到一类"获得义"的"的"字结构。例如：

（4）a. 卖菜的钱
b. 毒蛇咬的伤

这类小句表面上也属于无空位小句。中心语"钱、伤"不能通过话题化等手段补回小句。但在定语小句的形成方式上，这类小句却有别于内容义和事件义名词补足语小句：该类小句的中心语并不是具有特定降级述谓结构的名词："钱"和"伤"属于具体名词，其语义结构中都不包含事件论元。但这类小句对其中心语名词的语义类型也有一定限制：能够充当中心语的名词通常是能够表示"结果"的名词。比如"工厂冷却机床的废水""放外债的利息"等。这类表现特殊的"获得义"定语小句也是我们需要进一步研究的问题。

另外，汉语中还存在着一些仅凭语用相关组合而成的定语小句（王倩倩、张伯江 2020）。例如：

（5）a. 人生的十五件奢侈品：<u>走天下的健康</u>、<u>舒心的工作</u>、<u>提醒你加衣盖被的人</u>……

b. 在女生们的终极梦想里，排在第一位的大概就是<u>不会发胖的甜点</u>。

这些例子中，中心语和定语小句间更类似于临时组配的语用关系，并没有明确的句法、语义限制条件。这类结构临时生成的依据是什么也值得我们继续思考。

7.2.3 事件属性名词和内容义名词的句法后果与语用功能

事件属性名词和内容义名词跟指向实体的名词不同，这一点从其与名词补足语小句组配即可窥见。此外，由于事件属性名词和内容义名词的特殊性，它们表现出了一些异于普通名词的句法后果。例如：第五章中提到，部分事件属性名词在受名词修饰时，作为修饰语的名词通常为事件名词或具有事件强迫现象；以及第六章中发现的内容义名词的叙实性。另外，事件属性名词和内容义名词通常还可像代词一样用于语篇回指和语篇连贯。这些内容均是前人研究中未曾深入探讨的议题，有待于我们在今后的研究中做进一步的深入挖掘。

参考文献

蔡维天 2002 一、二、三,《语言学论丛》第二十六辑,北京:商务印书馆,301—312页。

陈昌来 1998 汉语语义结构中工具成分的性质,《世界汉语教学》第2期,23—27页。

陈巧燕 2007《汉语关系小句的句法语义研究》,东北师范大学硕士学位论文。

陈玉洁 2009 汉语形容词的限制性和非限制性与"的"字结构的省略规则,《世界汉语教学》第2期,177—190页。

陈宗菊 2008《工具成分和材料成分的比较研究》,苏州大学硕士学位论文。

陈宗利 2007 汉语关系结构生成句法研究,《现代外语》第4期,331—340页。

陈宗利、温宾利 2004 论现代汉语关系分句的限定性,《四川外语学院学报》第3期,76—78页。

陈宗利、温宾利 2013 移位还是不移位——汉语关系结构生成方式探讨,《现代外语》第2期,143—149页。

储泽祥 2006 汉语处所词的词类地位及其类型学意义,《中国语文》第3期,216—224页。

储泽祥、曹跃香 2005 固化的"用来"及其相关的句法格式,《世界汉语教学》第2期,22—30页。

崔应贤 2004 也谈谓词隐含及其句法后果问题——与袁毓林先生商榷,《贵州教育学院学报》(社会科学)第3期,79—85页。

邓盾 2021 动词能做定语吗?,《语言教学与研究》第5期,78—89页。

董秀芳 2009 整体与部分关系在汉语词汇系统中的表现及在汉语句法中的突显性,《世界汉语教学》第4期,435—442页。

范继淹 1982 论介词短语"在+处所",《语言研究》第1期,71—86页。

方梅 2002 指示词"这"和"那"在北京话中的语法化——指示功能的衰减

与冠词的产生,《中国语文》第 4 期,343—356 页。

方　梅　2004　汉语口语后置关系从句研究,中国社会科学院语言研究所《中国语文》编辑部编,《庆祝〈中国语文〉创刊 50 周年学术论文集》,70—78 页,北京:商务印书馆。

方　梅　2008　由背景化触发的两种句法结构——主语零形反指和描写性关系从句,《中国语文》第 4 期,291—303 页。

方　梅　2016　单音指示词与双音指示词的功能差异——"这"与"这个"、"那"与"那个",《世界汉语教学》第 2 期,147—155 页。

方　梅、宋贞花　2004　语体差异对使用频率的影响——汉语对话语体关系从句的统计分析, *Journal of Chinese Language and Computing*, Vol.14, No.2, pp.113—124。

房玉清　2001　《实用汉语语法》,北京:北京大学出版社。

古川裕　1989　"的$_s$"字结构及其所能修饰的名词,《语言教学与研究》第 1 期,10—25 页。

郭　杰　2013　国外限定与非限定研究的演化与发展,《当代语言学》第 3 期,336—348 页。

郭　洁　2013　形容词修饰语的语法地位探析,《外语教学与研究》第 6 期,816—829 页。

郭　锐　1996　汉语语法单位及其相互关系,《汉语学习》第 1 期,8—14 页。

郭　锐　1997　过程和非过程——汉语谓词性成分的两种外在时间类型,《中国语文》第 3 期,162—175 页。

郭　锐　2000　表述功能的转化和"的"字的作用,《当代语言学》第 1 期,37—52 页。

郭　锐　2009　现代汉语和古代汉语中的介词悬空和介词删除,《中国语言学》第 2 辑,23—36 页,济南:山东教育出版社。

郭　锐　2018　"之、者、所"的功能和上古汉语的关系化结构,语言学前沿研讨系列讲座,北京:北京师范大学,2018 年 6 月 12 日。

韩　蕾　2004　现代汉语事件名词分析,《华东师范大学学报》(哲学社会科学版)第 5 期,106—112 页。

贺　阳　2013　定语的限制性和描写性及其认知基础,《世界汉语教学》第 2 期,

147—155 页。

胡建华 2010 论元的分布与选择——语法中的显著性和局部性,《中国语文》第 1 期,3—20 页。

胡旭辉 2009 汉语话题结构制约的认知语义与语用分析,《外国语》第 3 期, 60—68 页。

黄伯荣、廖序东 2002《现代汉语》(增订第 3 版),北京:高等教育出版社。

黄国营 1982 "的"字的句法、语义功能,《语言研究》第 1 期,101—129 页。

黄毅燕 2007 "VP+的(NP)"与"VP+'の/NP'"自指转指的对比,《解放军外国语学院学报》第 1 期,15—19 页。

江　轶 2009《汉语关系从句的功能及动因》,新加坡国立大学博士学位论文。

蒋　平 2017 汉语零形回指先行语的句法可及性等级序列,《南昌大学学报》(人文社会科学版)第 3 期,135—140 页。

李铁根 1999 定语位置上的"了"、"着"、"过",《世界汉语教学》第 3 期,55—64 页。

李新良 2013《现代汉语动词的叙实性研究》,北京大学博士学位论文。

李新良、袁毓林 2016 反叙实动词宾语真假的语法条件及其概念动因,《当代语言学》第 2 期,194—215 页。

廖秋忠 1986 篇章中的框—棂关系与所指的确定,《语法研究和探索》(三), 323—337 页,北京:北京大学出版社。

刘丹青 2002 汉语类指成分的语义属性和句法属性,《中国语文》第 5 期,411—422 页。

刘丹青 2005 汉语关系从句标记类型初探,《中国语文》第 1 期,3—15 页。

刘丹青 2008《语法调查研究手册》,上海:上海教育出版社。

刘月华(编)1989《汉语语法论集》,北京:现代出版社。

陆丙甫 2003 "的"的基本功能和派生功能——从描写性到区别性再到指称性, 《世界汉语教学》第 1 期,14—29 页。

陆俭明 2002 再谈"吃了他三个苹果"一类结构的性质,《中国语文》第 4 期, 317—325 页。

陆俭明 2003 对"NP+的+VP"结构的重新认识,《中国语文》第 5 期,387—

391页。

陆　烁　2017　汉语定中结构中的"的"的句法语义功能——兼谈词和词组的界限，《中国语文》第1期，53—62页。

陆　烁、潘海华　2014　汉语领属话题结构的允准条件，《当代语言学》第1期，15—30页。

陆　烁、潘海华　2016　定中结构的两分和"的"的语义功能，《现代外语》（双月刊）第3期，326—336页。

陆　烁、潘海华　2019　从"NP的NP"名词短语结构看"谓词隐含"，《语言教学与研究》第3期，46—58页。

吕叔湘　1982　《中国文法要略》，北京：商务印书馆。

吕叔湘　1999　《现代汉语八百词》（增订本），北京：商务印书馆。

吕为光　2011　"所谓"的功能及主观化，《当代修辞学》第5期，75—81页。

马庆株　1988/2002　自主动词和非自主动词，《著名中年语言学家自选集·马庆株卷》，合肥：安徽教育出版社，160—191页。

孟　凯　2018　复合词内部的成分形类、韵律、语义的匹配规则及其理据，《语言教学与研究》第3期，96—106页。

潘海华、陆烁　2013　DeP分析所带来的问题及其可能的解决方案，《语言研究》第4期，53—61页。

彭锦维　2005　浅议处所成分的关系化问题，《新疆大学学报》（哲学·人文社会科学版）第2期，142—144页。

屈承熹　2005　《汉语认知功能语法》，哈尔滨：黑龙江人民出版社。

邵琛欣　2015　汉语工具宾语的次范畴及其形成机制——从"吃大碗"的再考察说起，《语言科学》第6期，579—588页。

沈家煊　1999　转指和转喻，《当代语言学》第1期，3—15页。

沈家煊　2007　也谈"他的老师当得好"及相关句式，《现代中国语研究》第9期，1—12页。

沈家煊、完权　2009　也谈"之字结构"和"之"字的功能，《语言研究》第2期，1—12页。

沈家煊、王冬梅　2000　"N的V"和"参照体－目标"构式，《世界汉语教学》第

4 期，25—32 页。

沈　阳 1995 领属范畴及领属性名词短语的句法作用，《北京大学学报》（哲学社会科学版）第 5 期，85—92 页。

施春宏 2002 试析名词的语义结构，《世界汉语教学》第 4 期，17—25 页。

施春宏 2012 从构式压制看语法和修辞的互动关系，《当代修辞学》第 1 期，1—17 页。

石定栩 2010 限定性定语和描写性定语，《外语教学与研究》（外国语文双月刊）第 5 期，323—328 页。

石定栩 2011 《名词和名词性成分》，北京：北京大学出版社，104—125 页。

司富珍 2004 中心语理论和汉语的 DeP，《当代语言学》第 1 期，26—34 页。

司富珍 2006 中心语理论和"布龙菲尔德难题"——兼答周国光，《当代语言学》第 1 期，60—70 页。

宋作艳 2011 生成词库理论的最新发展，《语言学论丛》第四十四辑，北京：商务印书馆，202—221 页。

宋作艳 2014 也谈与"的"字结构有关的谓词隐含，《汉语学习》第 1 期，20—28 页。

宋作艳 2015 《生成词库理论与汉语事件强迫现象研究》，北京：北京大学出版社。

宋作艳 2016 功用义对名词词义与构词的影响——兼论功用义的语言价值与语言学价值，《中国语文》第 1 期，44—57 页。

孙天琦 2009 谈汉语中旁格成分作宾语现象，《汉语学习》第 3 期，70—77 页。

孙天琦 2010 汉语非核心论元允准结构初探，《中国语文》第 1 期，21—33 页。

唐正大 2006 汉语关系从句的限制性与非限制性解释的规则，《语法研究和探索（十三）》，220—236 页，北京：商务印书馆。

唐正大 2007 关系化对象与关系从句的位置——基于真实语料和类型分析，《当代语言学》第 2 期，139—150 页。

唐正大 2008 汉语主句现象进入关系从句初探，《语法研究和探索（十四）》，194—216 页，北京：商务印书馆。

唐正大 2014 汉语关系从句内部的时体态，《中国语言学报》第 16 期，114—127 页。

谭景春 1995 材料宾语和工具宾语，《汉语学习》第 6 期，28—30 页。

陶红印 2002 汉语口语叙事体关系从句结构的语义和篇章属性,《现代中国语研究》第 4 期, 47—57 页。

完　权 2010 语篇中的"参照体-目标"构式,《语言教学与研究》第 6 期, 38—45 页。

完　权 2012 超越区别与描写之争:"的"的认知入场作用,《世界汉语教学》第 2 期, 175—187 页。

完　权 2013 事态句中的"的",《中国语文》第 1 期, 51—61 页。

完　权 2016《"的"的性质与功能》, 北京:商务印书馆, 40—58 页。

王　珏 2005 体词的陈述性与非个体性,《华东师范大学学报》(哲学社会科学版)第 6 期, 76—84 页。

王倩倩、张伯江 2020 现代汉语"VP 的 NP"结构的非论元提取性,《语言教学与研究》第 4 期, 58—70 页。

王伟超 2020 一价名词的性质及相关句法现象再探,《世界汉语教学》第 1 期, 67—80 页。

王亚琼、冯丽萍 2012 汉语语义角色的关系化及关系化难度等级序列分析,《云南师范大学学报》(对外汉语教学与研究版)第 5 期, 6—14 页。

王远杰 2008《定语标记"的"的隐现研究》, 首都师范大学博士学位论文。

魏　雪、袁毓林 2013 基于语义类和物性角色建构名名组合的释义模板,《世界汉语教学》第 2 期, 172—181 页。

文　旭、刘润清 2006 汉语关系小句的认知语用观,《现代外语》第 2 期, 111—119 页。

文　旭、邢晓宇 2014 "限制"与"描写/非限制"之争的破与立:汉语名词修饰语研究新视角,《外语与外语教学》第 4 期, 21—25 页。

吴福祥 2012 试说汉语几种富有特色的句法模式——兼论汉语语法特点的探求,《语言研究》第 1 期, 1—13 页。

吴怀成、沈家煊 2017 古汉语"者":自指和转指如何统一,《中国语文》第 3 期, 277—289 页。

吴继光 1998 工具配项的句法表现及其他, 袁毓林、郭锐主编《现代汉语配价语法研究》(第二辑), 217—228 页, 北京:北京大学出版社。

吴继光 1999 动作方式和动作凭借，邢福义主编《汉语语法特点面面观》，179—191页，北京：北京语言文化大学出版社。

谢晓明、乔东蕊 2009 工具宾语的鉴定模式及其典型性，《汉语学习》第4期，12—16页。

熊仲儒 2005 以"的"为核心的 DP 结构，《当代语言学》第2期，148—165页。

熊仲儒、刘凡 2013 动词短语的名词化与饱和关系子句的句法分析，《华文教学与研究》第1期，70—79页。

徐　杰 1986a "工具"范畴和容纳"工具"范畴的句法结构，《华中师范大学学报》（哲学社会科学版）第5期，105—115页。

徐　杰 1986b "工具"范畴和容纳"工具"范畴的句法结构（续），《华中师范大学学报》（哲学社会科学版）第6期，125—136页。

徐默凡 2003 《现代汉语工具范畴的认知研究》，华东师范大学博士学位论文。

徐阳春 2003 "的"字隐现的制约因素，《修辞学习》第2期，33—34页。

许余龙 2012 名词短语的可及性与关系化——一项类型学视野下的英汉对比研究，《外语教学与研究》（外国语文双月刊）第5期，643—657页。

许余龙 2015a "填充词-空位域"与英汉语中的关系化，《外文研究》第4期，1—7页。

许余龙 2015b 英汉属格语的句法可及性，《外语教学与研究》第5期，695—708页。

许余龙、孙珊珊、段嫚娟 2013 名词短语可及性与篇章回指——以汉语主语属格语为例，《现代外语》（季刊）第1期，1—9页。

杨彩梅 2008 英、汉语中的关系化都是移动的结果吗？，《外语教学与研究》第1期，20—28页。

杨彩梅、杨艳 2013 英、汉语关系结构的合格条件，《语言科学》第4期，357—370页。

尹世超 2002 动词直接作定语与名词中心语的类，《语文研究》第2期，1—7页。

俞咏梅 1999 论"在+处所"的语义功能和语序制约原则，《中国语文》第1期，21—29页。

袁毓林 1993 《现代汉语祈使句研究》，北京：北京大学出版社。

袁毓林 1994 一价名词的认知研究，《中国语文》第4期，241—253页。

袁毓林 1995 谓词隐含及其句法后果——"的"字结构的称代规则,《中国语文》第 4 期, 241—255 页。
袁毓林 1996 话题化及相关的语法过程,《中国语文》第 4 期, 241—254 页。
袁毓林 2002 名词代表动词短语和代词所指的波动,《中国语文》第 2 期, 99—110 页。
袁毓林 2003 从焦点理论看句尾"的"的句法语义功能,《中国语文》第 1 期, 3—16 页。
袁毓林 2013 基于生成词库论和论元结构理论的语义知识体系研究,《中文信息学报》第 6 期, 23—31 页。
袁毓林 2014a 汉语名词物性结构的描写体系和运用案例,《当代语言学》第 1 期, 31—48 页。
袁毓林 2014b "怀疑"的意义引申机制和语义识解策略,《语言研究》第 3 期, 1—12 页。
袁毓林 2014c 隐性否定动词的叙实性和极项允准功能,《语言科学》第 6 期, 575—586 页。
袁毓林 2015 汉语反事实表达及其思维特点,《中国社会科学》第 8 期, 126—144 页。
张伯江 1994 领属结构的语义构成,《语言教学与研究》第 2 期, 68—78 页。
张伯江 2014 汉语句法结构的观察角度, 中国语文杂志社 编《语法研究和探索》(十七), 北京: 商务印书馆。
张伯江 2018 现代汉语的非论元性句法成分,《世界汉语教学》第 4 期, 12—25 页。
张 敏 1998《认知语言学与汉语名词短语》, 北京: 中国社会科学出版社。
张 敏 2019 时间顺序原则与像似性的"所指困境",《世界汉语教学》第 2 期, 166—188 页。
张 翼 2018 "他的老师当得好"句式: 认知语法视角,《外国语》第 2 期, 23—30 页。
赵元任著, 吕叔湘译 1968/1979《汉语口语语法》, 北京: 商务印书馆。
周国光 1997 工具格在汉语句法结构中的地位——与袁毓林先生商榷,《中国语文》第 3 期，215—218 页。

周国光 2005 对《中心语理论和汉语的 DeP》一文的质疑，《当代语言学》第 2 期，139—147 页。

朱德熙 1956/1980 现代汉语形容词研究，朱德熙《现代汉语语法研究》，北京：商务印书馆。

朱德熙 1961/1980 说"的"，朱德熙《现代汉语语法研究》，北京：商务印书馆。

朱德熙 1978/1999 "在黑板上写字"及其相关句式，《语言教学与研究》（试刊）第 3 期；《朱德熙文集》（二），北京：商务印书馆，282—298 页。

朱德熙 1982《语法讲义》，北京：商务印书馆。

朱德熙 1983 自指和转指——汉语名词化标记"的、者、所、之"的语法功能和语义功能，《方言》第 1 期，16—31 页。

Ariel, Mira. 1990 *Accessing noun-phrase antecedents*. London: Routledge.

Allwood, Jens., Lars-Gunnar Andersson & Östen Dahl. 1977 *Logic in linguistics*. Cambridge: Cambridge University Press.

Aoun, Joseph. & Yen-hui Audrey Li. 2003 *Essays on the representational and derivational nature of grammar: The diversity of wh-constructions*, Cambridge: The MIT Press.

Bernardo, Robert. 1979 The function and content of relative clauses in spontaneous oral narratives, *Proceedings of the Fifth Annual Meeting of the Berkeley Linguistics Society*, pp.539–551.

Carlson, Gregory N. 1977 *Reference to kinds in English*. Doctoral dissertation, University of Massachusetts, Amherst.

Cha, Jong-Yul. 1998 Relative clause or noun complement clause: the diagnoses. In *Proceedings of the 11'h International Conference on Korean Linguistics*.

Cha, Jong-Yul. 2005 *Constraints on clausal complex noun phrases in Korean with focus on the gapless relative clause construction*. Doctoral dissertation, University of Illinois, Urbana.

Chen, Ping. 1996 Pragmatic interpretations of structural topics and relativization in Chinese, *Journal of Pragmatics* (26): 389–406.

Cheng, Lisa L-S & Rint Sybesma. 2005 A Chinese relative. In H. Broekhuis et al. *Organizing Grammar: Studies in Honor of Henk van Riemsdijk*, The Hague: Mouton de Gruyter, pp.69–76.

Chierchia, Gennaro. 1995 Individual-level predicates as inherent generics, In Gregory. N. Carlson & Francis, J. Pelletier (eds.) *The Generic Book*, pp.176–223, Chicago: The University of Chicago Press.

Clark, Eve V. 1978 Existential, locative and possessive construction. In Joseph H Greenberg (ed.) *Universals of Human Language* (4): 85–126. Stanford: Stanford University Press.

Comrie, Bernard. 1989 *Language universals and linguistic typology: Syntax and morphology*. Chicago: University of Chicago Press.

Comrie, Bernard. 1996 The Unity of Noun-Modifying Clauses in Asian Languages. In *Pan-Asiatic Linguistics: Proceedings of the Fourth International Symposium on Languages and Linguistics*, pp.1077–1088.

Comrie, Bernard. 1998 Rethinking the typology of relative clauses. *Language Design Journal of Theoretical & Experimental Linguistics* (1): 59–85.

Comrie, Bernard. & Kaoru Horie. 1995 Complement clauses versus relative clauses: some Khmer evidence. In *Discourse, Grammar and Typology: Papers in Honor of John WM Verhaar*, pp.65–76, Amsterdam/Philadelphia: John Benjamins Publishing.

Croft, William. 1990 *Typology and universals*, Cambridge: Cambridge University Press.

Cruse, Alan D. 1986 *Lexical semantics*, Cambridge: Cambridge University Press.

Deane, Pual. 1987 English possessive, topicality, and the Silverstein hierarchy, In *Proceedings of the Thirteenth Annual Meeting of the Berkeley Linguistics Society*, pp.65–76.

De Bruin, Jos. & Remko Scha. 1988 The interpretation of relational nouns, In *Proceedings of the 26th Annual Meeting on Association for Computational Linguistics*. Association for Computational Linguistics, pp.25–32.

Del Gobbo, Francesca. 2005 Chinese relative clauses: restrictive, descriptive or appositive? In Laura Brugè et al. (eds.) *Contributions to the Thirtieth Incontro di Grammatica Generativa*. pp.287–305, Venezia: Cafoscarina.

Del Gobbo, Francesca. 2010 On Chinese appositive relative clauses. *Journal of East Asian Linguistics*, 19 (4): 385–417.

Dixon, Robert M. W. 2010 *Basic linguistic theory Vol.II: Grammatical topics*, Oxford: Oxford University Press.

Dryer, Matthew S. 1998 Aspects of word order in the languages of Europe. *Empirical Approaches to Language Typology* (20): 283–320.

Dryer, Matthew S. 2003 Word order in Sino-Tibetan languages from a typological and geographical perspective. *The Sino-Tibetan Languages* (3): 43–55.

Dryer, Matthew S. 2007 Clause types, *Language Typology and Syntactic Description* (1): 224–275.

Flowerdew, John. & Richard W. Forest. 2015 *Signaling nouns in English: A corpusbased discourse approach*. Cambridge: Cambridge University Press.

Fox, Barbara A. 1981 Body part syntax: Towards a universal characterization, *Studies in Language* 57 (3): 323–342.

Fox, Barbara A. & Thompson Sandra A. 1990 A discourse explanation of the grammar of relative clauses in English conversation. *Language* 66 (2): 297–316.

Givón, Talmy. 1976 Topics, pronoun and grammatical agreement. In C. N. Li (ed.), *Subject and topic*, pp.149–188, New York, San Francisco & London: Academic Press.

Givón, Talmy. 1990 *Syntax: A founctional-typological introduction. Vol. 2*. Amsterdam: Benjamins.

Hawkins, John A. 1994 *A performance theory of order and constituency*. Cambridge: Cambridge University Press.

Hawkins, John A. 2004 *Efficiency and complexity in grammars*. Oxford: Oxford University Press.

Hawkins, John A. 2014 *Cross-linguistic variation and efficiency*. Oxford: Oxford University Press.

Hawkinson, Annie K. & Larry M. Hyman. 1974 Hierarchies of natural topic in Shona.

Studies in African Linguistics (5): 147–170.

Heine, Bernd. 1997 *Possession: Cognitive source, forces and grammaticalization*. Cambridge: Cambridge University Press.

Himmelmann, Nikolaus P. 1996 Demonstratives in narrative discourse: A taxonomy of universal uses. In Barbara A. Fox (ed.), *Studies in Anaphora*, pp.205–254, Amsterdam: John Benjamins.

Hopper, Paul J. & Sandra A. Thompson. 1980 Transitivity in grammar and discourse, *Language* 56 (2): 251–299.

Hu, Jianhua. 2002 *Prominence and locality in grammar: The syntax and semantics of wh-question and reflexives*. Doctoral dissertation, The City University of Hong Kong, Hong Kong.

Hu, Jianhua., Pan Haihua & Xu Liejiong. 2001 Is there a finite vs. nonfinite distinction in Chinese? *Linguistics* 39 (6): 1117–1148.

Huang, C.-T. James. 1982 *Logical relations in Chinese and the theory of grammar*. Doctoral dissertation, MIT, Cambridge.

Huang, C.-T. James. 1984 On the distribution and reference of empty pronouns. *Linguistic Inquiry*, 15 (4): 531–547.

Huang, C.-T. James. 2016 The syntax and semantics of prenominals: construction or composition? *Lanugage and Linguistics*, 17 (4) : 431–475.

Huang, C.-T. James. & Y.-H. Audrey Li. 1996 Recent generative studies in Chinese syntax. In C.-T. James. Huang & Y.-H. Audrey Li (eds.) *New horizons in Chinese linguistics*, pp.49–95. Dordrecht: Kluwer Academic Publishers.

Huang, C-J., Audrey Li & Li Yafei. 2000 Relativization: Order and structure. Presented at the 9th International Conference of Chinese Linguisitcs (Annual Conference of International Association of Chinese Linguistics, IACL-9), National University of Singapore, June 26–28.

Joosten, Frank. 2010 Collective nouns, aggregate nouns, and superordinates: When 'part of' and 'kind of' meet. *Lingvisticæ Investigationes* 33 (1): 25–49.

Karttunen, Lauri. & Stanley Peters. 1977 Requiem for presuppostion, *Proceedings of the Third Annual Meeting of the Berkeley Linguistic Society*, pp.360–371.

Keenan, Edward L. & Bernard Comrie. 1977 Noun phrase accessibility and universal grammar. *Linguistic Inquiry* 8 (1): 63–99.

Keenan, Edward L. & Bernard Comrie. 1979 Noun phrase accessibility revisited. *Language* 55 (3): 649–664.

Kim, Alan Hyun-Oak. 1999 Oblique cases and VP truncation in the so-called gapless relative clauses. In Conference on Korean Linguistics, LSA Summer Institute, University of Illinois at Urbana-Champaign.

Kiparsky, Carol. & Paul Kiparsky. 1970 Fact. In M. Bierwisch, K. Heidolph (eds.) *Progress in Linguistics*. pp.143–173, The Hague: Mouton.

Korzen, IØrn. 2015 Topicality and text pragmatic prominence: Five hierarchies regarding the topic suitability of nominal constitiuents. *Lingue E Linguaggio* 14 (1): 113–130.

LaPolla, Randy J. 2008 Relative clause structures in the Rawang Language, *Language and Linguistics* 9 (4): 797–812.

LaPolla, Randy J. 2013 Arguments for a construction-based approach to the analysis of Sino-Tibetan languages, In *East flows the great river: Festschrift in honor of Prof. William S-Y. Wang's 80th Birthday*. Hong Kong: City University of Hong Kong Press.

LaPolla, Randy J. 2017 Noun-modifying clause constructions in Sino-Tibetan languages, In Matsumoto, Y., B. Comrie and P. Sells (eds.) *Noun-modifying clause constructions in languages of Eurasia: Rethinking theoretical and geographical boundaries*, pp.91–104, Amsterdam/Philadelphia: John Benjamins Publishing Company.

Larson, Richard K. 1998 Events and modification in nominals. In D. Strolovitch and A. Lawson (eds.), *Proceedings from semantics and linguistic theory VIII*. pp.145–168, Ithaca, NY: Cornell Univerity.

Larson, Richard K. & Naoko Takahashi. 2007 Order and interpretation in prenominal relative clauses. in: M. Kelepir and B. Öztürk (eds.), *Proceedings of the Workshop on Altaic Formal Linguistics II* (54): 101–120, MIT Working Papers in

Linguistics.

Leech, Geoffrey. 1981 *Semantics: The study of meaning* 2ed edition. Harmondsworth: Penguin Books.

Levin, Beth. 1993 *English verb classes and alternations: A preliminary investigation*. University of Chicago press.

Levinson, Stephen C. 1983 *Pragmatics*. Cambridge: Cambridge University Press.

Lin, Chien-Jer Charles. 2008 The processing foundation of head-final relative clause, *Language and Linguistics*. 9 (4): 813–839.

Lin, Jo-wang. 2003 On restrictive and non-restrictive relative clauses in Mandarin Chinese. *Tsing Hua Journal of Chinese Studies,* New Series 33 (1): 199–240.

Lin, Jo-wang. 2008 The order of stage-level and individual-level relatives and superiority effects. *Language and Linguistics* 9 (4): 839–864.

Löbner, Sebastian. 1985 'Definites'. *Journal of Semantics* (4): 279–326.

Lyons, John. 1967 A note on possessive, existential and locative sentences, *Foundations of Language* (3): 390–396.

Matsumoto, Yoshiko. 1988 Semantics and pragmatics of noun-modifying constructions in Japanese. *Proceedings of the Fourteenth Annual Meeting of the Berkeley Linguistics Society*, 166–175.

Matsumoto, Yoshiko. 1990 The role of pragmatics in Japanese relative clause constructions. *Lingua* (82): 111–129.

Matsumoto, Yoshiko. 1997 *Noun-modifying constructions in Japanese: A frame-semantics approach*. Amsterdam: John Benjamins.

Matsumoto, Yoshiko., Bernard Comrie & Peter Sells. 2017 Noun-modifying clause constructions in languages of Eurasia: Rethinking theoretical and geographical boundaries, In Matsumoto, Y., B. Comrie and P. Sells (eds.) *Noun-modifying clause constructions in languages of Eurasia: Rethinking theoretical and geographical boundaries*, pp.3–21 Amsterdam/Philadelphia: John Benjamins Publishing Company.

McCawley, James D. 1993 *Everything that linguists have always wanted to know about logic but were ashamed to ask 2nd.* Chicago: University of Chicago Press.

Ning, Chunyan. 1993 *The overt syntax of relativization and topicalization in Chinese*, Doctoral dissertation, University of California, Irvine.

Pan, Haihua. & Hu Jianhua. 2008 A semantic-pragmatic interface account of (dangling) topics in Mandarin Chinese. *Journal of Pragmatics* (40): 1966–1981.

Partee, Barbara H. 1986 Noun phrase interpretation and type-shifting principles. In J. Groenendijk, D. de Jongh, and M. Stokhof (eds.), *Studies in discourse representation theory and the theory of generalized quantifiers.* pp.43–115, Foris: Dordrecht.

Pattee, Barbara H. & Borschev, Vladimir. 2012 Sortal, relational, and founctional interpretations of nouns and Russian container constructions. *Journal of Semantics* (2): 1–42.

Prince, Ellen. 1981 Toward a typology of given-new information. Peter Cole (ed.) *Radical pragmatics*, pp.223–255, New York: Academic Press.

Pustejovsky, James. 1991 The generative lexicon. *Computational Linguistics* 17 (4): 409–441.

Pustejovsky, James. 1995 *The generative lexicon*. Cambridge: The MIT Press.

Pustejovsky, James. 2001 Type construction and the logic of concepts. In Federica Busa and Pierrette Bouillon (eds.), *The syntax of word meanings*, pp.91–123. Cambridge: Cambridge University Press.

Pustejovsky, James. 2006 Type theory and lexical decomposition. *Journal of Cognitive Science* (6): 39-67.

Quirk, Randolph., Sidney Greenbaum, Geoffrey Leech & Jan Svartvik. 1985 *A comprehensive grammar of the English language.* London: Longman.

Radford, Andrew. 1988 *Transformational grammar: A first course.* Cambridge: Cambridge University Press.

Sag. Ivan A. 1997 English relative clause construction, *Journal of Linguistics*, 33 (2): 431–483.

Schmid, Hans-Jörg. 2000 *English abstract nouns as conceptual shells: From corpus to cognition*. Berlin: Mouton de Gruyter.

Svenonius, Peter. 1994 Dependent nexus: Subordinate predication structures in English and the Scandinavian languages. Doctoral dissertation, UCSC, Santa Cruz.

Sheldon, Amy. 1974 The role of parallel function in the acquisition of relative clauses in English. *Journal of Verbal Learning and Verbal Behavior* (13): 272–281.

Sheldon, Amy. 1977 On strategies for processing relative clauses: A comparison of children and adults. *Journal of Verbal Learning and Verbal Behavior* (4): 305–318.

Song, Zuoyan & Qiu Likun. 2013 Qualia relations in Chinese nominal compounds containing verbal elements, *International Journal of Knowledge and Language Processing*, 4 (1): 1–15.

Tao, Hongyin. 1999 The grammar of demonstratives in Mandarin conversational discourse: A case study. *Journal of Chinese Linguistics* (27): 69–103.

Taylor, John R. 1989 Possessive genitives in English. *Linguistics* (27): 663–686.

Tsai, Hui-Chin Joice. 2008 On gapless relative clauses in Chinese. *Nanzan Linguistics: Special Issue* (5): 109–124.

Tsai, Wei-tian Dylan. 1994 *On economizing the theory of A-bar dependencies*, Doctoral dissertation, MIT, Cambridge.

Winston, Morton E. & Roger Chaffin. 1987 A taxonomy of part-whole relations. *Cognitive Science* (11): 417–444.

Xue, Nianwen., Xia Fei, Huang Shizhe & Kroch Anthony. 2000 The bracketing guidelines for the Penn Chinese Treebank (3.0), *IRCS Technical Reports Series* (39): 1–191.

Zhang, Niina Ning. 2008 Gapless relative clauses as clausal licensors of relational nouns, *Language and Linguistics* (9): 1005–1028.

Zhang, Yi., Wang Rui & Chen Yu. 2011 Engineering a deep HPSG for mandarin Chinese. *Proceedings of the 9th workshop on Asian language resources*, pp.18–21.

Zhang, Yi., Wang Rui & Chen Yu. 2012 Joint grammar and treebank development for Mandarin Chinese with HPSG. In *LREC*, pp. 1868–1873.

后　记

  本书在我的博士学位论文基础上修改而成，从开始撰写到如今付样，已历时八年。这八年间围绕这部书稿的写作、增删、修改、调整，每一个环节都有过欢喜悲辛，其中滋味，实难一一描述。在语言事实的分析、规律的发现中，我初尝了认识未知世界、梳理繁杂现象的快乐。此间收获使我受益终生。

  这项研究得以完成，我首先要感谢我的导师袁毓林教授。2015年的六月，我刚刚完成硕士学位论文答辩，老师便将黄正德先生的《中心语后置名词组结构：是构式还是组合？》一文拿给我学习，并教导我说这篇文章与朱先生所提"自指、转指"概念颇多相关，其中有不少可待挖掘的重要问题。本书中的每个章节都是在袁老师高屋建瓴的指导和耐心细致的修订中完成的。每个寒暑假期，老师都坚持与我们每周一次的讨论会，交流研究进展。这篇论文中的每个部分都经过老师的反复批阅。寒来暑往，老师铅笔批阅的稿子已积攒了满满一箱。无论是殷殷的教诲还是渗入文字中的智慧，袁老师都引导着我在学术、人生中不断进步。

  同时，我也非常感谢一路走来给予我大力帮助的学界前辈。2017年9月，在国家留学基金委的资助下，我赴加州大学圣塔芭芭拉分校进行联合培养，跟随Du Bois教授。在Du Bois教授的课堂上，我学习了语篇分析的各种手段和规范，并将语篇分析的已有研究运用到了博士论文的写作中。受Du Bois教授的启发，我在博士论文的基础上还开展了汉语关系小句和指量结构的研究。在美国的学习和生活令我开拓了眼界,也拥有了更多机会潜心阅读和钻研英文资料。在我的求学过程中,许多老师都曾给予过我大力帮助。感谢郭锐老师、詹卫东老师和周韧老师。我在硕士、博士期间修习了三位老师的很多课程,文中不少思路想法均得益于课程中老师们的引导。在郭锐老师的语言类型学课程上我第一次接触到了关系化可及性等级。在我博士论文写作过程中,郭老师慷慨地将自己未发表的上古汉语关系化讲稿发给我参考。三位老师还全程参加了我博士论文的预答辩和答辩,为我提供了很多极具价值的意见与建议。感谢施春宏老师、史金生老师、完权老师、唐正大老师、宋亚云老师、范晓蕾老师参与了我博士论文的审阅和答辩,老师们的真知灼见不仅为书稿的修改指明了方向,也启发了我后续研究的思路。郭锐老师和施春宏老师还慨然应允为本书推荐参加商务印书馆语言学出版基金的评选。感谢陈振宇老师。我曾在多次和陈老师的见面中向陈老师请教汉语关系结构的问题,陈老师总能给我无私的指导和鼓励。此外,本文中大多数章节都向期刊投过稿或参加过学术会议,各位期刊匿名审稿专家和参会的老师、同学也都曾为我提出了很多宝贵建议,在此我要郑重地感谢前辈时学对我的热心指教。可惜囿于时间精力之限,许多问题无法尽善,如今书稿已备出版,我也非常期待更多读者的批评指正。

　　感谢我的同门学友们,他们在求学过程中给予了我许多帮助,让我既得到了学术上的进步,又体会到了生活中的欢乐和温暖。感谢王璐璐、李新良、郑仁贞、李强、曾静涵、刘彬、朴珉娥、朴敏浚、李命定、卢达威、鲁莹、孙竞、尹常乐、李婉君、张琳莉、崔璨、张小玲、鞠晨、杨柳、毛静静、殷思源、刘瑞等师兄弟姐妹,感谢大家在风雨无阻的师门讨论班中对本文提出的宝贵建议。还要感谢学友刘娟、曹晓玉、黄思思,他们在繁忙的学习中抽出时间与我讨论问题,总能带给我顿悟和启发。

感谢商务印书馆为本书提供宝贵的出版机会，感谢匿名评审专家对书稿的认可，并提出了宝贵的修改意见。还要特别感谢责任编辑白冰女士，她严谨细致地为书稿把关，为本书增色不少。同时也要感谢我的研究生詹绪婷、王梅晓、吕璐维、马秀云，她们通读了书稿，并提出了一些有益的建议。

感谢我的爸爸妈妈，他们一如既往的支持是我不断前进的动力。因为拥有了他们的理解和爱，我才能一往无前地勇敢追求自己的理想。感谢我的爱人刘文，他是我每项研究的忠实听众，在我犹豫不决的时候支持我，在我沮丧的时候鼓励我。感谢他愿意与我一起体会探索新知的苦恼与乐趣。

书稿虽已完成，关于关系结构和名词互动关系的研究目前也暂告一段落，但科研道路上还有无数充满吸引力的谜题等待解决。人之所知，不若其所不知。愿我今后依然能够保有这份求知欲与好奇心，无论身处何种境遇之中，都不忘仰望苍穹。

寇 鑫

2023 年 10 月 11 日

于山东大学兴隆山校区

专家评审意见

张旺喜

《汉语定语小句与中心语名词的选择限制研究》一书，从汉语真实语言材料出发，以语言类型学理论为指导，就汉语定语小句与中心语名词之间的选择限制关系开展深入研究，选题具有重要的理论价值，研究方法具有前沿性，研究结论具有很高的可信度，是一部较为优秀的汉语语法学著作。

首先，我认为，作为一部具有相当理论深度的语法学著作，该研究有扎实、丰富的真实语料做基础，这一点难能可贵。而这也正是中国语法学在新时代所要坚持和发扬的优秀传统。该研究所用的语料，主要来自"北京大学中国语言学研究中心现代汉语语料库"中所搜集的定语小句"VP 的 N"结构共 1383 条，而每个小类的语料均在百条以上。这为本论题的研究打下了很好的基础。该研究尽管在个别地方为了最小差比对的使用而自拟了少量例句，但这无碍大局。

其次，该研究多方面体现出很好的理论素养，主要有三个方面：第一，立足汉语语法事实，提出了很好的理论假设：

> 汉语定语小句在句法表现上可以区分为关系小句和名词补足语小句两类；附加语空位旁格关系句、领属关系句和名词补足语小句的形成深受名词特定语义特征的影响。

这一假设无疑成为全部研究的核心而使全书研究内容集中、紧凑、不失条理，对此假设的一步步论证也就成为全书研究的基本框架；第二，具有多元理论观照的明确意识：（1）借助语言类型学中的关系结构/

定语小句结构已有的研究成果来审视汉语的定语小句现象。(2)娴熟地运用 Leech(1981)提出的"降级述谓结构理论"和以 Pustejovsky(1991)为代表的"生成词库理论",特别是使用袁毓林(2013、2014)提出的十种物性理论。(3)其他一些理论和方法的使用也非常到位、有效。比如:"名词可及性等级""最小差比对""句法变换""替换",等等,它们能够相互支持、相互照应、协调一致地发挥作用。应当承认,作者对这些理论方法的掌握与使用是相当成熟而有效的。

最后,也是我认为最重要的一点是:该研究在汉语定语小句这一论题的研究中,取得了明显的突破,因而是有理论创新价值的。该研究能够突破普通语言学和汉语学界对定语小句所采取的"动词中心"的一般观察视角,转而以名词作为定语小句结构研究的出发点,重点探求中心语名词对定语小句在句法、语义上的选择限制和语义压制作用及二者间的互动关系。这在一定程度上也是对沈家煊先生提出的"名动包含"说的一种支持。另外,该研究从朱德熙先生提出的"自指-转指"理论出发,对所发现的汉语定语从句与类型学中的"名词可及性等级"有所违背的现象,做出了令人信服的解释。作者提出:

  名词的某些语义特征可以使定语小句结构突破"谓词-论元"的句法制约。

仅就这一点而言,该研究的理论成果就是十分可喜的。

如果说本书稿尚有薄弱之处,我认为,全书第七章的结语写得有些匆忙而显得过于简单,似应有所补充,使其更为丰满。

鉴于此,我郑重推荐该书入选商务印书馆语言学出版基金。

评审人:张旺熹

2022年1月25日

专家评审意见

石定栩

　　本书讨论了一个非常重要的汉语语法问题，对一些长期得不到解释的难题提出了合理的解决方案，而且通过分析实际语料澄清了部分理论上的模糊认识，开辟了一条行之有效的分析新思路，对于汉语定中结构以及名词性短语分析今后的发展有着很好的指导作用。我特此向商务印书馆语言学出版基金郑重推荐本书。

　　本书的第四、第五章和第六章提供了一个解决汉语定中短语难题的完整方案，言之有理，而且能够自圆其说。这也是我推荐这本书的主要原因。

　　汉语领属关系名词短语是否应该归入定中短语，并且用同一种方法分析，向来争议很大。本书第四章的分析思路是把领属关系独立出来，以中心语的语义和百科知识特点作为讨论的重点，按照名词的依附性给领属关系名词短语分类，基本上解决了问题。

　　第五章解决了另一个问题。作者的基本观点是：汉语的关系小句和名词补足语小句"大致对应于朱德熙（1983）指出的转指与自指两类'的'字结构"。然后从中心语名词与表示事件的名词补足语小句间的选择限制关系入手，根据小句和中心语名词之间的关系，将名词补足语小句区分为"事件义名词补足语小句"和"内容义名词补足语小句"。作者还进一步"根据事件属性名词与作为定语小句的事件 VP 之间的语义关系"，将事件属性名词分为：原因、结果、过程、条件、度量、目标、时间、处所八类。"每类事件属性名词在名词补足语小句结构中可以固定地激活特定语义类的隐含谓词","同类的事件属性名词所激活的隐含谓词具有相同的物性角色"。这样做一方面将名词补足语按照语义－句法内涵分为两种,解释起来相对容易,而且避免了一些争论不休的问题。另一方面又给出了事件属性名词的分析标准,提供了操作上的便利。

第六章解释了"语义层面上中心语名词语义对内容义补足语小句的支配和控制情况,这种控制主要表现为内容义名词对于其补足语小句真值的规定"。这种互动分析能够较为合理地解释名词和内容义补足语小句之间的选择关系,从而解释了为什么同位名词短语的可接受程度会有差别。

在郑重推荐的同时,我也想提醒作者和商务印书馆,文稿中存在不少明显的笔误,需要逐一订正。

我还想指出的是,本书的缺点和优点紧密相连。比如作者阅读并大量引用了英文文献,这在汉语语法研究中属于比较少见的做法,非常值得提倡。不过,也正因为是直接借鉴原文,对有些概念的理解不是十分到位,翻译也有些瑕疵。

(一)文中多次提及的 noun-complement clause,除了译为"名词补足语小句"之外,还有"名词补语小句""补语"和"论元"等好几种说法。具体如下:

> 这一说法虽然规避了传统类型学研究中关系结构-**名词补语小句**结构对立带来的诸多问题,但也未能说明影响"语用相关"的具体要素。(第3页)
>
> 无空位小句的表现是**补语**的表现(complementation)(第17页)
>
> 这些传统的所谓无空位关系从句(gapless relative)实际上是名词中心语的**论元**(complement)(第17页)

"补语"和"补足语"不是同一个概念，complement 和"论元"（argument）也只有在涉及 complement of a verb 的情况下才有可能指同一个成分，而且这两种说法属于不同的体系。

（二）作者多次引用了 Keenan and Comrie 的"名词短语可及性等级序列"（Noun phrase accessibility hierarchy）："这一序列显示，小句中从主语、直接宾语、间接宾语、旁格、到比较宾语和属格，其关系化的可能性逐级递减"（第 15 页），这对于关系化和关系小句的讨论非常重要。可惜的是，作者把这个序列搞错了。应该是：

Keenan and Comrie (1977)：

  Accessibility Hierarchy (AH)

    SU > DO > IO > OBL > GEN > OCOMP

Keenan and Comrie (1979)：

  Subject (SU), Direct Object (DO), Indirect Object (IO), Oblique Object (OBL), Genitive (GEN), and Object of Comparison (OCOMP)

属格应该在比较宾语的前面。

另外，这是非常著名的两篇文章，作者把两篇文章作者的排序也搞反了。

（三）作者在第 20 页说："Svenonius（1994）提出英语修饰语中存在个体修饰语（individual-level）和阶段修饰语（stage-level）的区分，前者在语义上指向固定属性，后者指向暂时、阶段性的属性。"这里对 individual-level 和 stage-level 两个概念的译法不准确，也影响了作者对这两个概念的应用。一般将 individual-level（predicate）译为"属性谓语"，将 stage-level predicate 译为"事件谓语"，相应的修饰语也应该是"属性修饰语"和"事件修饰语"。

（四）作者在第 105 页说："当句子表达的是反事实语态（counterfactual mood）时，则可以接受。"英语的 mood 国内通常译为"语气",如 subjunctive mood 译为"虚拟语气";而"语态"则是 voice 的对应概念,passive voice 一般译为"被动语态"。

(五)作者在讨论结构的变换时,以及定中短语和相应句子的关系时,似乎忽略了定指名词性成分、泛指名词性成分和不定指名词性成分的区别。比如第三章的(10)a:

(10)a. 妈妈默默地用那把刀切菜。→﹡妈妈默默切菜的刀

"那把刀"在移动后变成了"刀",两个名词短语的所指范围不同。第三章的例(16)a 也是这样:

(16)a. 摆着佛像的供桌上已经布满了尘土。→供桌上摆着那尊佛像。

第四章(2)c:

(2)c. 西装笔挺的中年人→那些中年人的西装[是]笔挺[的]。

第五章的例(4)和例(5):

(4)雪地上走路的声音 → 那个声音是(在)雪地上走路(的声音)

(5)炸鱼的味道 → 那个味道是炸鱼(的味道)

(六)第四章关于例(5)的讨论,右面的定中结构的确不太好,但不知道为什么作者把"很"拿掉了。"学生很努力的人"以及"作者很有名的书"似乎是能说的。

(5)a. 小李的兔子很可爱。→﹡兔子可爱的小李/人

　　b. 王老师的学生很努力。→﹡学生努力的王老师/人

　　c. 这本书的作者很有名。→﹡作者有名的书籍

(七)英文摘要最好按照英文语言学文献的思路重写。目前的版本似乎是从中文摘要翻译过来的,外国人会看不懂。比如将定语小句译为 attribute clause 就非常奇怪,英文的习惯是用 attributive clause。

附 注

评审意见中所说的页码为原书稿的页码,特此说明。

评审人:石定栩

2022 年 1 月 6 日